AF516385

पत्नी को खुश कैसे रखें ?

डा० राजीव शर्मा

एम० डी०

क्रेस्ट पब्लिशिंग हाउस

(A JAICO ENTERPRISE)

G-2, 16 अंसारी रोड, नई दिल्ली-110002

© Crest Publishing House

No part of this book may be reproduced or utilized in any form or by any means, electronics or mechanical including photocopying, recording or by any information storage and retrieval system, without permission in writing from the publishing

पत्नी को खुश कैसे रखें?

ISBN : 81-242-0490-X

First Crest Impression : 2004

Published by :
Crest Publishing House
G-2, 16 Ansari Road, Darya Ganj,
New Delhi-11002

Printed by :
Gayatri Offset Press
A-66, Sector-2
Noida-2010301

लेखक परिचय

(डा० राजीव शर्मा)

7 अप्रैल 1967 को जन्मे डा० राजीव शर्मा ने बी०एच०एम०एस० (बैचलर ऑफ हौम्योपेथिक मैडिसिन्स एण्ड सर्जरी), पी०जी०एन०डी० (पोस्ट ग्रेजुएट डिप्लोमा इन नैचुरोथेरेपी), डी०वाई०टीएच० (डिप्लोमा इन योगा थेरेपी) लखनऊ से व एम०डी० (आल्टरनेटिव मेडिसिन्स) की डिग्री कलकत्ता से प्राप्त की। राजीव शर्मा देश के प्रतिष्ठित होमियोपैथी, योग, प्राकृतिक व वैकल्पिक चिकित्सा परामर्शदाता हैं। ***डा० शर्मा की सैकड़ों पुस्तकें प्रकाशित हो चुकी हैं।*** अधिकांश पुस्तकें हिन्दी भाषा में लिखी गई हैं। कुछ पुस्तकें अंग्रेजी में भी प्रकाशित हुई हैं। देश के कई ख्यातिलब्ध समाचार पत्र-पत्रिकाओं में भी आपके लेख प्रकाशित होते रहते हैं। ***आप अब तक हजारों लेख लिख चुके हैं।*** लेखन आपके लिए एक मिशन है।

कई पत्र-पत्रिकाओं के सम्पादकीय सलाहकार होने के साथ ही डॉ० राजीव शर्मा विश्वविख्यात 'एशियन होमियोपैथिक जर्नल' के सम्पादक मण्डल के सदस्य हैं। रालसन व बॉयज़ होमियोपैथिक व दीक्षित आयुर्वेदिक कम्पनियों में स्वास्थ्य सलाहकार डॉ० शर्मा की आकाशवाणी, लखनऊ से अनेकों वार्ताएं प्रसारित हो चुकी हैं। आपने कई कम्पनियों के उत्पादों के लिए विज्ञापन फिल्मों की स्क्रिप्ट भी लिखी है।

आप राष्ट्रीय स्तर पर 'नशा मुक्ति व एड्स जाग्रति,' जनसंख्या नियंत्रण व पल्स पोलियो अभियान से जुड़े हुए हैं। ***अनेक राष्ट्रीय-अन्तर्राष्ट्रीय संगठनों से जुड़े डा० शर्मा को कई पुरस्कार प्राप्त हो चुके हैं।*** आप 'साहित्य श्री' पुरस्कार, भारत सरकार के स्वास्थ्य एवं परिवार कल्याण मंत्रलय द्वारा प्रदत्त

'राजभाषा पुरस्कार', 'बरन महोत्सव पुरस्कार' व इण्डियन इंस्टीट्यूट ऑफ ह्यूमन राइट्स द्वारा 'वर्ल्ड ह्यूमन राइट्स प्रमोशन अवार्ड' तथा उ०प्र० हिन्दी संस्थान द्वारा 'सर्जना पुरस्कार' से सम्मानित हैं।

डा० राजीव शर्मा ने दो वेबसाइटों का भी निर्माण किया है - www.newkamasutra.com - यह सैक्स सम्बन्धी सभी समस्याओं का समाधान प्रस्तुत करने वाली वैज्ञानिक साइट है। www.indiaalive.net - यह देश भक्ति व भारत के प्रमुख व्यक्तियों के जीवन परिचय से जुड़ी हुई साईट है।

डा० राजीव शर्मा द्वारा चिकित्सा जैसे क्लिष्ट विषयों पर सरल-सुगम भाषा-शैली में किया गया लेखन कार्य सराहनीय व जनोपयोगी है, फलस्वरूप लाखों पाठक लाभान्वित हुए हैं।

समर्पण

ज्योति को
प्यार सहित

प्रस्तावना

हम सभी यह तो चाहते हैं कि पत्नी हमारी इच्छा के अनुरूप सारे कार्य सम्पन्न करे किंतु यह नहीं चाहते कि हमसे भी उसकी कुछ अपेक्षाएं हो सकती हैं। पत्नी भी पुरूष से अच्छे व्यवहार, अच्छे पहनावे व अच्छे वार्तालाप की उम्मीद करती है। सम्बन्धों में दोनों तरफ से ईमानदारी ही सम्बन्धों को प्रगाढ़ बना सकती है।

पति और पत्नी मिलकर ही परिवार की नींव रखते हैं। परिवार में सौहार्द न हो तो परिवार बिखरने लगता है। अतः परिवार के प्रत्येक सदस्य का दायित्व होता है कि वह अपना किरदार बखूबी निभाए किंतु पति पर यह जिम्मेदारी ज्यादा होती है। पति को पत्नी से सामंजस्य बैठाते हुए अपने भाई-बहन, माता-पिता के प्रति भी कर्तव्यों का निर्वाह करना होता है। अतः पति की भूमिका भी बहुत महत्वपूर्ण होती है।

प्रस्तुत पुस्तक '*पत्नी को खुश कैसे रखें*' में उक्त सभी बिदुओं पर तो चर्चा की ही गई है। उपरोक्त के अलावा आत्मविश्वास बढ़ाने, व्यक्तित्व संवारने, शिष्टाचार व तनाव मुक्ति के सूत्र, क्रोध व ईर्ष्या से बचने आदि के बारे में भी अलग-अलग अध्यायों में बताया गया है।

मुझे पूर्ण विश्वास है कि पाठकगण पुस्तक से अधिकाधिक लाभान्वित होंगे।

शुभकामनाओं सहित,

सादर

डा० राजीव शर्मा

ईमेल- sharmarajeev108@rediffmial.com

doctorrajeev108@mantramail.com

विषय-सूची

गृहस्थ जीवन कैसा हो ?

"गृहस्थ का घर भी एक तपोभूमि है। सहनशीलता और संयम खोकर कोई इसमें सुखी नहीं रह सकता।" **- द्विज**

किस प्रकार नैतिकता व्यक्तित्व में समाविष्ट होती है, इसका अध्ययन करते समय माता-पिता की भूमिका का संतान के व्यक्तित्व-निर्माण और विकास में महत्व दिखाई देता है । मोटे तौर पर पिता जितने प्रभावशाली ढंग से चरित्र सम्बन्धी संस्कारों को करवा पाता है, उतनी ही संतान के जीवन में आत्मविश्वास की वृद्धि होती है । लेकिन माता की भूमिका भी पिता से कम नहीं होती । वास्तव में माँ वास्तविक अर्थों में संतान के अन्दर आत्मसंयम के संस्कार होती है।

यदि हम मानसिक रूप से स्वस्थ और अस्वस्थ माताओं की संतानों का अध्ययन करें, तो पाएँगें कि स्वस्थ माताओं की संतानों में जीवन के प्रति स्वीकृति का भाव होता है। तब उनमें आत्मसंयम कूट-कूटकर भरा होता हैं। आत्मकेंन्द्रित तथा मानसिक रूप से संकुचित माताओं की संतान सामाजिक रूप से दरिद्र होती हैं। सही अर्थों में माता की सदाशयता ही संतान को समाजिकता बना पाती है। व्यक्तितत्व - संबंधी अध्ययनों से यह बात पूरी तरह स्पष्ट हो जाती है कि माता यदि पूर्ण स्वस्थ एवं विशाल-हृदया है ओर उसने संतान का पोषण पूरी तन्मयता के साथ किया है, तो निश्चित उसने संतान के जीवन में सफलता, स्वास्थ्य और सामाजिकता के बीज बो दिए हैं । पिता ने यदि अपनी जिम्मेदारी पूरी तरह से निभाई है तो उसने उन बीजों को पौधा बना दिया है। इस पूरी प्रक्रिया से गुजरकर बच्चा जब व्यक्ति बनता है तो उसमें निजी चेतना जागरूक होती है । उसकी निजी चेतना, सार्वभौमिक चेतना का आकार लेना प्रारम्भ करती है, जब वह गृहस्थ जीवन में पदार्पण करता है ।

एक विद्वान संत का आश्रम नगर के समीप था। उनके विवेक और बुद्धि के चमत्कार में बंधकर बहुत से नागरिक आश्रम में आया करते थे । उन नागरिकों में अनीस नाम का मुसलमान युवक भी हुआ करता था। अनीस अपनी पूरी श्रद्धा के साथ विद्वान संत की सेवा करता था। एक बार काफी दिन तक अनीस आश्रम में नहीं आ पाया । एक दिन वह मिठाई का डिब्बा लेकर आश्रम पहुंचा । संत के चरण-स्पर्श करके उसने डिब्बा उनके चरणों में रख दिया और बोला-'कल मेरा रिश्ता हो गया' 'अब तुम हम से गए' संत ने उसे आशीर्वाद देते हुए कहा । बात आई-गई हो गई । अनीस की श्रद्धा तो बनी रही लेकिन उसकी आश्रम में उपस्थिति कम होने लगी । फिर कुछ दिन तक अनीस अनुपस्थित रहा और एक दिन मिठाई के डिब्बों के साथ विद्वान संत के चरणों में उपस्थित होकर बोला-'कल मेरी शादी हो गई।' 'अब तुम अपने माता पिता से भी गए'- विद्वान संत ने आशीर्वाद देते हुए अपनी राय व्यक्त की । शादी के बाद अनीस कुछ खास मुद्‌दों पर विद्वान संत से दिशा निर्देश के लिए ही आता था । अन्यथा उसका आना लगभग बंद ही था। एक दिन अनीस मिठाई के डिब्बे के साथ विद्वान संत के चरणों में उपस्थित होकर बोला- 'कल मेरे बेटा पैदा हुआ है।' 'अब तुम अपने आप से भी गए'- विद्वान संत ने आशीर्वाद देते हुए प्रसन्नतापूर्वक कहा ।

आप इस कहानी से चाहें तो यह अर्थ भी निकाल सकते हैं कि कैसे सम्बन्ध-विच्छेद किया जाता है । यदि आपने यह अर्थ निकाला तो स्वत्वात्मक स्वभाव के व्यक्तियों के दर्द का कारण भी आपको समझ में आएगा ।

शिक्षक यदि स्वत्वात्मक स्वभाव का है तो वह शिष्य की चेतना की जागरूकता को कुंठित करेगा। माता-पिता यदि ऐसे स्वभाव के हैं तो न तो वे संतान के आत्मसंयम, आत्मविश्वास और सामाजिक को पल्लवित करेंगे और न ही उन्हें विकसित होने देंगे । व्यक्ति यदि अपने अहम के मामले में स्वत्वात्मक स्वभाव का है तो वह दांपत्य जीवन में भरोसा बनाकर नहीं चल सकता । पति-पत्नी यदि दोनों ही इस स्वभाव के हैं तो उनकी निजी चेतना को सार्वभौमिक चेतना के अस्तित्व पर यकीन ही नहीं आएगा । यानी विकास का प्रत्येक अवसर केवल दुख को ही जन्म देगा । वास्तव में यह कहानी निजी चेतना के विकास और उसके सार्वभौमिक चेतना में परिवर्तन के सोपानों की कहानी हैं ।

गृहस्थ जीवन की उपर्युक्त प्रशंसा से भ्रान्त न हों । सामाजिक जीवन में पाई जाने वाली असंबंद्धता के मूल में विकार-शोधन के अभाव के अलावा गृहस्थी की भ्राँतियां ही है । व्यवसायिक जीवन में कार्य असंतोष को जन्म देता है । निजी अवसाद और इसके शोलों को भड़काने का काम असंतुष्ट पत्नी ही करती है । भ्रष्टाचार की जनक है हमारी कार्य-अकुशलता, लेकिन यह परवान तभी चढ़ता है जब संतान/माता-पिता के मोह का चश्मा हमारे प्रत्यक्षीकरण को दूषित कर देता है । रोगों को निमंत्रित करती हैं हमारी वासनाएँ, लेनिक हमारे यौन-जीवन में रोग यदि पीड़ा के कारण बनते हैं, तो हमारे जीवन-साथी, यानि पति अथवा पत्नी के सहयोग से ही ।

वास्तव में गृहस्थ जीवन का प्रत्येक क्षण हमसे विकार-शोधन व विभिन्न सत्यों के बीच तालमेल की अपेक्षा करता है । गृहस्थ जीवन वह तलवार है, जिसकी धार पर सहजता से चलते हुए हमें निरंतर सत्य का अर्जन करना है । अहंकारी और तेरे-मेरे की भावना में लिप्त तो सत्यार्थी हो ही नहीं सकता। तलवार की धार पर चलते हुए न आप दाएँ (राग की ओर) झुक सकते हैं, न बाएँ (द्वेष की ओर) । (यानि इस चलने में मोह के लिए कोई स्थान नहीं है) । किसी नट को अगर आपने रस्सी के ऊपर चलते हुए देखा हो तो ध्यान दिया होगा कि नट हाथों में पकड़े बाँस की मदद से संतुलन बनाता हुआ, एक छोर से दूसरे छोर तक पहुँच जाता है । उसकी स्वतन्त्रता है लेकिन गृहस्थ अगर वासनाओं में फँसा तो केवल रोगों को दावत देगा । जिन परिवारों के मुखिया रोग-शैया की शोभा बढ़ाते हैं, वे परिवार टूटने के कगार पर खड़े होते हैं । आम भारतीय परिवारों में पत्नी की एक दिन की बीमारी पूरे घर को अस्त-व्यस्त कर देती है ।

गृहस्थ जीवन में सामाजिकता, आत्मसंयम और आत्मविश्वास (माता-पिता की संतान को देन) तथा चेतना की जागरूकता (शिक्षा का परिणाम) हमें विकार-शोधक बनाकर विभिन्न सत्यों (अनुभूतिजन्य आतंरिक सत्य, समाजिक जीवन का सत्य तथा प्राकृतिक सत्य) राग, द्वेष, मोह और तृष्णा के रहते कोई जरूरी तो नहीं कि हमें सभी सत्यों की अनुभूतियाँ उनके वस्तुगत रूप में ही हो सकें । हम ऐसे ही परिवार में जन्म लें जहां पति-पत्नी पूरी तरह से आदर्श हों । ऐसी हम इच्छा तो कर सकते हैं लेकिन इससे आगे हमारे हाथ में कुछ

नहीं हैं । इसी प्रकार शिक्षा से अपेक्षा तो की जा सकती है कि वह हमारे मन में जागरूकता के संस्कार भरे, लेकिन ऐसी शिक्षा-पद्धति भी आकाश-कुसुम के समान है । तो फिर क्या करें। अपने क्रोध और अवसाद के भँवर तथा सामाजिक असंबद्धता को अपनी नियति मानकर दुखों को भोगते रहे?

भारतीय मनीषा का एक वर्ग गृहस्थ जीवन को ही सारे दुखों की जड़ मानकर सामाजिक जीवन में से भाग गया । उसके लिए सन्यास सर्वोपरि हो गया । वह हिमालय की कंदराओं में सत्य को खोजता रहा । स्वयं गौतमबुद्ध प्रारम्भ में इसी मानसिकता के शिकार रहे, लेकिन क्योंकि वे विकार-शोधक थे, इसलिए उन्होनें अपनी भूल को सुधार भी लिया । वरना आसमानी ईश्वर के साधक आज भी हिमालय की कंदराओं में सिर पटकने को सत्य का अर्जन मानते हैं। या भगवा कपड़े पहनकर सन्यास के नाम पर वे भी अपनी महत्वाकांक्षाओं को ही पूरा करते हैं।

मनौवैज्ञानिक रूप से यह सही है कि जब दुख अपने चरम पर हो तो ज्यादा बेहतर है कि हम तटस्थ होकर उसको देखें । यह तटस्थता कुछ अवधि वाले सन्यास वैराग्य में काफी प्रभावशाली ढंग से काम करती है । इसका सुफल होता है हमारे प्रत्यक्षीकरण में चमकीलापन व वस्तुगतता । यही दोनों आगे चलकर हमारी चेतना को जागरूक बनाते हैं । इस जागरूकता के साथ जब हम लौटकर फिर गृहस्थत जीवन का निष्पादन करने लगते हैं, तो आत्मसंयम हमारे जीवन का आलंबन बनता है ।

विपश्यना का अभ्यास, हमारे गृहस्थ जीवन को, निजी चेतना को सार्वभौमिक चेतना में परिवर्तन का माध्यम बना देता है । जब हम इस सत्य का दर्शन करते हैं, तब हमारे स्वयं के विकार अपने वास्तविक रूप में दिखाई देने लगते हैं। माता-पिता, संतान, पति-पत्नी आदि हमारे गृहस्थ जीवन के वास्तविक बंधन नहीं हैं, ये तो व्यष्टि से समष्टि में परिवर्तन के माध्यम हैं । हमारे असली बंधन तो हमारे विकार हैं । इसी अनुभूति के बाद हमें 'राग' आग की भट्टी के समान अनुभव होते हैं (कामगिन से शरीर का तापमान बढ़ जाता है) द्वेष के भाव हमारे बंधन का कारण दिखाई देते हैं (बदले की आग में जलने वाला अपने प्रतिद्वन्दी को समाप्त किए

बगैर मरना भी नहीं चाहता), मोह में जाल जैसा दिखाई देता है (आदमी सड़ रहा होता है परन्तु पोते की चाह में उस सड़न के साथ भी जीना चाहता है) और हमें पता चलता है कि तृष्णा जिन्दगी का वह अटूट सिलसिला है, जो समाप्त ही नहीं होता –

इसलिए तृष्णा से बड़ी कोई नदी हो ही नहीं सकती । वास्तव में गृहस्थ जीवन को अभिशाप बनाने में हमारी तृष्णा की ही अहम भूमिका है । इसलिए कहा जाता है कि सत्यार्थी के लिए राग के समान कोई आग नहीं है, द्वेष के समान कोई बंधन नहीं है, मोह के समान कोई जाल नहीं है और तृष्णा के समान कोई नदी नहीं है ।

ध्यान दें

1. नैतिकता का संप्रेषण बच्चों में माता-पिता के द्वारा किया जाता है ।
2. माँ अपनी संतान में आत्मसंयम संप्रेषित करती हैं उसकी सदाशयता ही संतान को सामाजिक बनाती है ।
3. पिता उन बीजों को पौधों का रूप देता है, जिन्हें माँ ने रोपा था।
4. शिक्षा अपनी चौकसी से पौधो को पेड़ बनने में मदद देती है।
5. इनमें से जिसने भी अपनी जिम्मेदारी नहीं निभाई, वही विकास की प्रक्रिया को रोक देता है ।
6 गृहस्थ जीवन सिर्फ फूलों की सेज नहीं है, वह मृत्यु का द्वार भी है ।
7. सब कुछ आदर्श मिले, इसकी मात्र कल्पना की जा सकती है, परन्तु ऐसा होता नहीं है ।
8. साधारण जन इस न होने के डर से सन्यासी बन जाते हैं, लेकिन वे अन्य प्रकार के द्वन्द को जीते हैं ।
9. आत्मविश्वास के पथ का साधक, अनुभूतियों के स्तर पर जान जाता है कि गृहस्थ जीवन हमें सार्वभौमिक बनाता है, लेकिन शर्त यही है कि हमने अपनी तृष्णाओं की वास्तविकता को समझ लिया हो ।
10. वास्तव में गृहस्थ व्यक्ति ही समाज पोषक होता है ।

सुखी गृहस्थी के लिए त्याग भी आवश्यक

एक जंगल में एक योगी अनेक वर्षों से अपने गुरू द्वारा बताई गई योग की गूढ़ क्रियाओं में साधनारत था । बहुत दिन बीत गए। एक दिन वह एक वृक्ष के नीचे ध्यान लगाए बैठा था। एक पक्षी ने अचानक सन्यासी के सिर पर बीट कर दी। सन्यासी का ध्यान भंग हुआ। उसने क्रोध से ऊपर की ओर देखा । जैसे ही पक्षी पर उसकी दृष्टि पड़ी, वह भस्म होकर नीचे गिर पड़ा। साधु ने जब यह दृश्य देखा तो वह पहले तो चौंका फिर उसकी समझ में आया कि उसे तो सिद्धि प्राप्त हो गयी है । उसने सोचा तपस्या का लक्ष्य तो प्राप्त हो गया अब वह तपस्या करके क्या करेगा । वह उठा और तीर्थ यात्रा के लिए निकल पड़ा । घूमते-घूमते एक दिन वह एक ग्राम में पहुंचा । वहां उसने एक घर में भिक्षा के लिए आवाज दी । गृहिणी ने अन्दर से उत्तर दिया, ''महाराज, अभी आ रही हूँ।'' वह अपने अपाहिज पति की सेवा में लगी हुई थी। जब उन्हें खिला-पिला कर लिटा दिया तो वह बाहर भिक्षा लेकर आई । महाराज देरी के कारण खड़े-खड़े क्रुद्ध हो रहे थे, उन्होनें लाल-लाल आँखों से उसकी ओर देखा । गृहिणी हंसी और बोली, ''महाराज, क्या आपने मुझे भी चिड़िया समझ रखा है, जो आपकी क्रोध पूर्ण दृष्टि से भस्म हो जाऊँगी।'' साधु का घमण्ड चूर-चूर हो गया । उसे आश्चर्य हुआ कि इस स्त्री को घर में व्यस्त रहते हुए इस बात का ज्ञान कैसे हुआ । साधु ने क्षमा मांगते हुए अपनी जिज्ञासा गृहिणी के समक्ष रखी । स्त्री बोली, ''जो सिद्धि आपने वर्षों तपस्या करके प्राप्त की है, वह मैंने अपने पति को सर्वस्य समझकर, तन-मन धन से उनकी सेवा-सुश्रुसा करके प्राप्त कर ली है ।'' तब साधु उसके चरणों में गिर पड़ा और बोला, ''मां मुझे कुछ ज्ञान दीजिए । मेरे इतने वर्षो की तपस्या व्यर्थ गई । मुझे तो उल्टा घमण्ड

हो गया। क्रोध ने मुझे अंधा कर दिया । आप मुझे इस ज्ञान का रहस्य बताएं। स्त्री ने कहा– "एक व्यक्ति काशी में रहता है, आप उसके पास जाइए, वही आपको ज्ञान देगा।" साधु उस स्त्री की वन्दना करके काशी के लिए रवाना हो गया । वह सोच रहा था कि क्या एक कसाई, जिसका धंधा पशुओ को काटने और गोश्त बेचना होता है, इतना ज्ञानवान हो सकता है कि मुझे ज्ञान दे सके । उसके मन में कसाई के प्रति परम्परागत घृणा भी थी और जिज्ञासा भी । चलते-चलते वह शाम के समय काशी पहुंचा और पूछता-पूछता कसाई की दुकान पर पहुंच गया । कसाई ने जो उसे देखा तो बोला "महाराज आपको फलां गांव में जो पतिव्रता स्त्री रहती है, उसने भेजा है । आप थोड़ी देर रूकें, मैं अपना काम समाप्त करके आपके साथ घर चलूंगा तब आपकी जिज्ञासा को शांत करूंगा ।" साधु चुपचाप एक ओर खड़ा हो गया । थोड़ी देर बाद जब सभी ग्राहक चले गए तो कसाई ने दुकान बन्द की ओर साधु को लेकर अपने घर चल दिया । घर पहुंचकर उसने साधु को आराम से बैठाया और अपने माता-पिता की सेवा में लग गया, जो अंधे एवं बूढ़े थे । उन्हें अच्छी तरह खिला-पिला कर आराम से सुला दिया और तब साधु के पास आया । साधु ने उससे पूछा कि उसे यह ज्ञान कैसे हुआ कि वह कहां से आ रहा है । कसाई बोला "मैं अपने माता-पिता को देवताओं के समान समझता हूँ। इनकी कृपा से तो मुझे यह मनुष्य शरीर मिला है, इन्होनें ही मुझे खिला पिलाकर इतना बड़ा किया है, मुझे उंगली पकड़कर चलना सिखाया है। संसार के भले-बुरे की शिक्षा दी है, फिर क्यों न मैं परमात्मा के समान समझूं ? क्या मैं इनके अहसानों से उऋण हो सकता हूँ ? अतः जो कुछ ज्ञान मुझे हुआ है वह इन्हीं की सेवा से, इन्हीं की कृपा से हुआ है ।" साधु ने और भी जो प्रश्न किए, कसाई ने उन्हें पूरी तरह समझाया और साधु को संतुष्ट कर दिया । इस प्रकार साधु यह समझ गया कि सत्य को जानने का केवल एक मार्ग संसार का त्याग ही नहीं है, संसार में रहते हुए भी वही सब कुछ पाया जा सकता है, जो उसे प्राप्त था, उसका घमण्ड समाप्त हो गया और वह अपने मार्ग पर चल दिया । इस प्रकार गुरू, पति तथा माता-पिता को माध्यम बनाकर संसार तथा परमार्थ दोनों को प्राप्त किया जा सकता है । संसार में भी सुख, शान्ति तथा मानसिक संतोष प्राप्त

होगा तथा मनुष्य जीवन भी व्यर्थ नहीं जाएगा। सत्य को जानने में समर्थ हो सकेंगे ।

वास्तविकता यह कि क्या हम इन दीवारों और दरवाजों, इन कमरों और वरांडों को, इस छत और फर्श को घर समझें। इस घर की सजधज तथा ध न-सम्पदा से भरे-पूरे घर को घर समझें । यह घर नहीं हैं । जिस घर में हर समय कलह रहती है, अव्यवस्था एवं अराजकता रहती है, कोई किसी की सुनता नहीं है, सब अपनी मनमर्जी के मालिक हैं, छोटे बड़ों का आदर नहीं करते, बड़े छोटों का ध्यान नहीं रखते हैं, जहां त्याग और सहनशीलता नहीं है, बड़े आशंकित और छोटे सहमे-सहमे रहते हैं, वह घर के अतिरिक्त कुछ भी हो सकता है, घर नहीं । यदि आप सचमुच घर बनाना चाहते हैं, जहां आपको ही नहीं दूसरे लोगों को भी, जो आपकी मित्र मण्डली में है या आपके रिश्तेदार हैं, आते ही शांति मिलती है, बैठने तथा रूकने को जो करता है तो आपको कुछ नियमों का पालन करना पड़ेगा । संसार की अनेक जातियों में विवाह एक समझौता है। जो कभी भी टूट सकता है । कुछ में तलाक होने पर स्त्री की थोड़ी बहुत आर्थिक सहायता कर दी जाती है, जो शादी के समय निश्चित की जाती है, लेकिन कुछ जातियों में स्त्री को बिना सहायता के छोड़ दिया जाता है । हमारे यहां हिन्दुओं में विवाह में एक धार्मिक बंधन माना जाता है, जो इसी जीवन के अन्त तक ही नहीं, जन्म जन्मान्तर तक चलता है, जिसका आधार त्याग, तपस्या तथा सहनशीलता होता है और उद्देश्य धार्मिक आधार पर अर्थ और काम की पूर्ति करते हुए भी प्राप्त करना होता है । हमारे यहां भी दोनों ओर से एक दूसरे का सम्मान करने के लिए कुछ वचन भरवाए जाते हैं, लेकिन वे विवाह की शर्ते नहीं होती । वे वचन विवाह होने के पश्चात, फेरे होने के बाद लिए जाते हैं, इसलिए उन्हें विवाह की शर्तें नहीं कहा जा सकता । अनेक पुस्तकों में स्त्री-पुरूषों के लिए कुछ व्यावहारिक बातें बताई गई हैं, जिससे कि गृहस्थ की गाड़ी आराम से चलती रहे तथा हम घर को घर कह सकें । वास्तव में घर बनता है सदस्यों के आपसी व्यवहार से, आपसी भावनात्मक सम्बन्धों से, घर की अच्छी परम्पराओं के पालन करने से, बुजुर्गों के प्रति आदर-सम्मान की भावनाओं और बच्चों की पूर्ण देखभाल से। अब मैं डेलकारनेगी तथा अन्य

कुछ आधुनिक विद्वानों द्वारा दिए गए एक अच्छे घर के निर्माण के लिए कुछ नियमों का वर्णन करता हूँ ।

सर्वप्रथम यह देखें कि पति को क्या करना चाहिए । अपनी पत्नी के साथ बहुत मीठा व्यवहार । हमेशा याद रखिए, उसकी कभी भी आलोचना नहीं करनी । उसमें कमियां भी देखनी हैं । वे कमियां चाहे उसके रख-रखाव से सम्बन्धित हों अर्थात उसकी वेशभूषा तथा श्रृंगार से, घर की साज-सज्जा तथा सफाई व्यवस्था से, उसके द्वारा तैयार किए गए भोजन से तथा आपके सम्बन्धियों, इष्ट मित्र तथा पास-पड़ोस के प्रति उसके व्यवहार से । स्त्रियां स्वभाविक रूप से बहुत भावुक तथा संवेदनशील होती हैं। अपने रूखे तथा आलोचनात्मक व्यवहार से उनके स्नहे-स्रोत को मत सुखाइये, दूसरों के सामने तो भूलकर भी उनकी आलोचना मत कीजिए बल्कि, उनकी रक्षा कीजिए तथा उनके अच्छे गुणों को उजागर कीजिए । दुनिया को बताइए कि आप अपने घर की उन्नति, बच्चों की देखभाल तथा आपके पिता की सेवा एवं अन्य गृहस्थ से सम्बन्धित समस्याओं को सुलझाने में उनके परिश्रम तथा उनकी सहायता एवं सलाह के प्रति कितने आभारी एवं ऋणी हैं । इसमें कोई शर्म की बात नहीं है, अपने गृहस्थ का अनुभव एवं जानकारी जितनी आपको है दूसरों को नहीं, वे तो केवल बाहर से देखने वाले मात्र हैं ।

यह विश्वास कीजिए कि वह श्रृंगार करती है, वस्त्र पहनती है, अधिक से अधिक आकर्षक एंव सुन्दर लगाने के लिए तथा आपको रिझाने एवं आकर्षित करने के लिए है, दूसरों को नहीं । जब आप सड़क पर चलते हैं या किसी उत्सव आदि में जाते हैं। तो याद रखिए स्त्री पुरूषों को नहीं, दूसरी स्त्रियों को देखती हैं कि वे कितने अच्छे ढंग से कपड़े अथवा जेवर पहने हुए हैं और उसकी अपने से तुलना करती हैं । यदि आपको उनके पहनावे में अथवा भोजन में कमी दिखाई दे तो उसे हल्के-फुल्कें ढंग से कहकर पूरा करा लीजिए अथवा कर दीजिए । आलोचना नहीं, सुझाव, सलाह, सहायता दीजिए।

कभी-कभी ऐसा होता है कि हम अपने कार्यालय में अथवा दुकान या खेत पर दूसरों के व्यवहार या अधिक परिश्रम के कारण कुछ चिड़चिड़े तथा थके हुए हो जाते हैं । जब घर आते हैं तो जरा सी बात पर एकदम क्रोधित हो जाते

हैं और बाहर का गुस्सा अपनी पत्नी अथवा बच्चों पर उतार देते हैं । यह बहुत बड़ी मूर्खता हैं । हमें अपनी बाहर की समस्याऐं अपने कार्य क्षेत्र की चहारदीवारी के अन्दर ही छोड़ कर आना चाहिए । न तो आफिस को अपने साथ घर लाना चाहिए और न घर को बाहर काम पर ले जाना चाहिए । सोचिए, क्या आपका घर आपके आफिस से अधिक महत्वपूर्ण नहीं है अथवा उसके समान नहीं है । जब आप आफिस अथवा अन्य किसी अपने कार्य क्षेत्र में दूसरे पर नहीं बिगड़ सकते, उन्हें बुरा-भला नहीं कह सकते तो घर में ही ऐसा क्यों करते हैं । घर को भी अपने व्यापार की भांति एक व्यापारिक संस्थान क्यों नहीं समझते, वहां भी सफल होने की कोशिश क्यों नहीं करते । घर आते ही अपने को निरकुंश क्यों समझ लेते हैं। सभी को डांट-फटकार क्यों लगाने लगते हैं ? क्यों आपकी बातचीत में मधुरता, मोहकता तथा मिठास समाप्त हो जाती है, बाहर की भांति क्यों मुस्करा कर बात नहीं करते ? स्त्रियां बहुत समझदार होती हैं, वे अपनी आर्थिक स्थिति को खूब समझती हैं । वे आपकी सामर्थ्य के बाहर आपसे कुछ नहीं चाहेंगी, यदि आप यह समझ जाएं कि वे क्या चाहे वह झूठी ही क्यों न हों। आप उन्हें अद्वितीय समझें तथा भूलकर भी कभी अपनी मां-बहनों अथवा मित्रों की पत्नियों या अन्य महिलाओं से तुलना करके उन्हें फूहड़ सिद्ध न करें बल्कि उन्हें श्रेष्ठ मानें । उनकी कादारी, उनके परिश्रम तथा उनकी योग्यता एवं सौन्दर्य की प्रशंसा करें । उन्हें नियमित जेब खर्च दें और कभी यह न पूछें कि उन्होनें उसे कैसे व्यय किया । उन्हें प्यार ही न करें बल्कि प्यार का इजहार छोटी-छोटी बातों के द्वारा करें, उनके साथ बैठकर रूचि अनुसार ताश, शतरंज, कैरम इत्यादि खेलें । जब पत्नी थकी हो, चिड़चिड़ी हो, मूड में न हो तो उसे तंग न करें बल्कि उसे हल्की-फुल्की बातों में, जिनमें उसकी रूचि है, लगाकार उसे स्वस्थ एवं स्वभाविक बनाएं ।

आकर्षण मनोविज्ञान को समझें

जिस प्रकार जीवजगत में समस्त विपरीत लिंगी एक दूसरे को आकृष्ट होते हैं, उसी प्रकार स्त्री-पुरूष भी एक-दूसरे के प्रति आकर्षण महसूस करते हैं। किंतु चूंकि स्त्री-पुरुष में सोचने-समझने की अद्‌भुत क्षमता है, अतः वे सिर्फ एक-दूसरे के प्रति आकृष्ट होना ही पर्याप्त नहीं मानते, उनका भरसक प्रयास होता है कि अपने संबंधों को सतत् भव्यता, नवीनता और भावप्रवणता प्रदान करें। यही प्रयास उनको अन्य प्राणियों से अलग और विशिष्ट बनाता है।

पशु व पक्षी एकमात्र मैथुन के लिए एक-दूसरे से आकृष्ट होते हैं, जबकि स्त्री-पुरूष के पारस्परिक आकर्षण के पीछे अनेक कारण हो सकते हैं। किसी की अनुपम सफलता हमें आकृष्ट कर सकती है, कोई हमें अपनी निपुण कलाकृति से आकर्षित कर सकती है तो किसी की सुंदरता हमें मुग्ध कर देती है। हम उनके प्रशंसक हो सकते हैं, प्यार भी कर सकते हैं, पर यह प्यार अलग प्रकार का होता है, जिसमें स्त्री-पुरूष के लौकिक नहीं, नैसर्गिक भाव होते हैं।

युवतियों का दिल जीतने से पहले युवकों को उनके मनोविज्ञान का अध्ययन करना चाहिए। उनकी मानसिकता, जीवन के प्रति उनका दृष्टिकोण, पुरुषों के बारे में उनकी धारणाएं, प्यार, विवाह और सेक्स से संबद्ध विचार जाने बगैर युवक के लिए उन्हें शीशे में उतारना थोड़ा मुश्किल हो जाता है।

सेक्स और प्रेम का अंतर समझें

नैसर्गिक प्यार स्त्री-पुरूष का वैयक्तिक संबंध है। जरूरी नहीं कि प्यार के इस दौर में मैथुन को प्रश्रय मिल ही जाए। मैथुन बहुत बाद की स्टेज है, जो

आमतौर पर स्त्री-पुरूष के विवाहोपरांत क्रियान्वित होती है। किंतु स्त्री-पुरूष के बीच रतिक्रिया का अपना विशिष्ट महत्व है। इसे पशु-पक्षी की तरह केवल शारीरिक मेल का पर्याय नहीं माना जाता। स्त्री-पुरूष में इस क्रिया का महत्व तभी है, जब इसमें अपनत्व, हार्दिकता, उदारता, समानता और उद्दात प्यार का समावेश हो।

मानव जीवन में प्यार की आवश्यकता पग-पग पर महसूस की जा सकती है। प्यार के बिना मानव जीवन की कल्पना नहीं की जा सकती। प्यार नहीं होगा तो मानव और पशु-पक्षियों में कोई अंतर नहीं रह जाएगा।

प्यार से हम किसी को भी वश में कर सकते हैं, प्यार में अद्भुत शक्ति होती है। प्यार भरी एक मुस्कान शत्रु को भी मित्र बना देती है। यह प्यार ही है जो नफरत करने वाले को भी मोम की भांति पिघला देता है। प्यार के महामंत्र से जीवन के किसी भी क्षेत्र के यज्ञ को सिद्ध किया जा सकता है।

यही प्यार जब पहली बार दो जवां दिलों में एक-दूसरे के लिए पैदा होता है तो सारी सृष्टि का कायाकल्प हो जाता है। चतुर्दिक बसंत ऋतु छा जाती है। बयार में मादकता घुल जाती है। धूप की तपिश में चांदनी का अहसास होता है और आकाश में जहां देखों इंद्रधनुष की छटा बिखर जाती है।

प्यार करने वालों का मिजाज ही कुछ अलग होता है, उन्हें दुनियादारी से लगाव नहीं रह जाता। उनकी दुनिया उन तक ही सीमित होती है। प्यार करने वालों का ईश्वर प्यार होता है, इबादत प्यार होती है। प्यार करने वाले किसी से नहीं डरते। प्यार उनमें असीम साहस और विश्वास का संचार करता है। वे सांप को रस्सी समझकर दीवार फांद जाते हैं। वे मृत देह को नौका मानकर नदी पार कर सकते हैं।

किंतु प्यार की डगर अत्यंत कठिन होती है। युवक-युवती को सावध ानीपूर्वक इस पर चलना पड़ता है। वरना कदम-कदम पर उनका आगे बढ़ना बाधित हो सकता है। बहुत जरूरी है कि युवक-युवती का पारस्परिक विश्वास खंडित न हो, उनमें भ्रम की स्थिति पैदा न हो और न ही वे एक-दूसरे के प्रति निष्ठाभाव गंवा बैठें।

यद्यपि युवक-युवती में सच्चा प्यार है तो ऐसी घातक स्थिति के आने की संभावना कम होती है तथापि मानव स्वभाव ऐसा है कि भूल-चूक न होने की

कोई गारंटी नहीं। युवतियां फिर भी इस मामले में बेहद सावधान होती हैं और प्यार के प्रति निष्ठावान। जबकि कुछ युवको की प्रवृत्ति होती है कि संबंधों को बहुत दूर तक नहीं ले जाते, मंजिल पर पहुंचने से पहले उनकी नीयत में खोट आ जाता है, वे बहकने लगते हैं या पार्टनर के बारे में गलत धारणा बना लेते हैं अथवा उसकी अरुचि देखकर पार्टनर ही बिदक जाती है।

आमतौर पर ऐसा तभी होता है, जब युवतियों और महिलाओं के मनोविज्ञान से युवक अपरिचित होता है। स्त्रियों और पुरुषों की चारित्रिक संरचना एक जैसी नहीं होती। दोनों दो अलग ध्रुवों पर खड़े होते हैं।

स्त्रियां प्रत्येक संबंध व रिश्ते में ईमानदारी, गहराई, अपनत्व और गंभीरता चाहती हैं, जबकि पुरुष इतना ही पर्याप्त समझता है कि रिश्ते को सहजता से निभाया जाए। जब उसे निभाने के बजाय ढोने की विवशता का भान होता है तो उसकी रिश्ते में रुचि समाप्त हो जाती है।

स्त्री प्यार में सर्वस्व अर्पण कर दती हैं, अपनी रुचि और निजत्व को महत्व नहीं देती और अपने श्याम के रंग में रंग जाती है। पुरुष की दृष्टि में इस बलिदान का कोई विशेष महत्व नहीं। इसे वह स्त्री के संस्कारों का आवश्यक और विशेष अंग मानता है।

दरअसल, पुरुष अपने लिए सुविधाजनक मानदंड बनाता है और स्त्री में अपने अनुकूल मानदंड देखना चाहता है। उसे यह तो बहुत अच्छा लगता है कि स्त्री अपने श्याम के रंग में रंग जाती है, किंतु वह स्वयं प्रेमिका के रंग में रंगने की आवश्यकता नहीं समझता।

स्त्री के स्वभाव में लचीलापन होता है। परिस्थितियों के अनुसार वह स्वयं को ढालना जानती है। जबकि पुरुष का विचार होता है कि लचीलापन उसका गुण नहीं, यह स्त्री को ही शोभा देता है।

एक-दूसरे को समझें

पुरुष और स्त्री के संबंधों को स्थायी और अक्षुण्ण रखा जा सके, इसमें सिर्फ स्त्री की कोशिश को पर्याप्त नहीं मानना चाहिए। वह सहयोगात्मक स्वभाव की होती है। जहां तक संभव होता है, वह संबंधों में दरार नहीं पड़ने

देती। यदि इस दिशा में पुरुष अपनी भूमिका भली-भांति निभाए तो संबंधों में दरार पड़ने का सवाल ही नहीं उठता। इसके लिए पुरुष को भी स्थितियों के अनुकूल लचीला रूख अपनाना चाहिए। स्त्री की रुचि को महत्व देने से चूकना नहीं चाहिए।

स्त्री-पुरुष के संबंध बनने में देर लगे या न लगे, बिगड़ने में जरा भी देर नहीं लगती। समझदारी इसी में है कि संबंध बन जाएं तो बिगड़ने की नौबत ही नहीं आनी चाहिए। ऐसा नहीं है कि संबंध को स्थायित्व नहीं दिया जा सकता। इसमें स्त्री-पुरुष दोनों की भूमिका का अपना-अपना महत्व है किंतु पुरुष की अतिरिक्त भूमिका से इंकार नहीं किया जा सकता क्योंकि आमतौर पर उसकी लापरवाही ही संबंधों में ठंडेपन का दोष पैदा करती है।

एक बार मीना ने अपने बॉयफ्रेंड से कहा, 'आदित्य, मैं यह नहीं कहती कि तुम बालों के बीच में जिस प्रकार मांग निकालते हो, वह तुम पर जंचती नहीं। हां, यह जरूर कहूंगी कि अगर मांग बाई तरफ निकालो तो अधिक स्मार्ट नजर आओगे।

दूसरे दिन आदित्य मीना से मिला तो उसकी मांग बाई ओर निकली हुई थी। मीना खुश होकर बोली, 'वाह, क्या बात है। आज बेहद स्मार्ट नजर आते हो।'

इस प्रकार युवक यदि गर्लफेंड्स की छोटी-छोटी बातें मान लिया करें तो वे अधिक निकटता महसूस करती हैं। युवतियां तारीफ करना जानती हैं जबकि युवक इसमें कंजूसी करते हैं। कभी युवक गर्लफेंड के पहनावे, खूबसूरती और चाल-ढाल की तारीफ करके देखे कि वह कितनी खुश होती है। वह अपने पहनावे, खूबसुरती और चाल-ढाल के प्रति बेहद सजग होती है। युवक को जिस बात से खुशी मिलती है, वही करती है।

युवक को सोचना चाहिए कि जब युवती का हमेशा यही प्रयास होता है कि उसे खुश रखे तो क्या उसका फर्ज नहीं बनता कि वह भी उसे खुश रखे।

युवकों को लगता है, उनकी लापरवाही और स्वच्छंदता पुरुषोचित गुण हैं। कुछ युवक तो लापरवाही को जानबूझकर ओढ़ लेते हैं और शान से उसका प्रदर्शन भी करते हैं। जबकि ऐसा करके वे अपने व्यक्तित्व की गंभीरता को स्पष्ट करते हैं। बहरहाल, उनको अपनी पसंदीदा युवती के प्रति कभी लापरवाही नहीं बरतनी चाहिए।

युवक कल्पना करे कि यदि युवती उससे लापरवाही बरते तो उसे कैसा लगेगा ? निस्संदेह अच्छा नहीं लगेगा। बल्कि वह उसे उलाहना देने से भी नहीं चूकेगा। ऐसी स्थिति में क्या युवक को युवती के प्रति लापरवाह होना चाहिए ? युवती का विरोध मुखर नहीं होता-हां, वह अपने हाव-भाव से जरूर जता देती है कि युवक उसकी भावनाओं को ठेस पहुंचा रहा है।

युवक की युवती से मित्रता यदि घनिष्ठ हो जाए तो वह प्यार में भी तब्दील हो सकती है। किंतु पारस्परिक मित्रता का पुष्प युवक की जरा सी असावधानी से प्यार का रूप धारण करने से पहले ही मुरझा जाता है।

यदि युवक को अपनी मित्र का कोई अंदाज पसंद नहीं तो वह उसे अपनी रुचि कुछ इस तरह से बताए कि उसे बुरा भी न लगे और वह उसके अनुकूल अंदाज को अपना भी ले।

नरेश को मंजू का टाइट जींस पहनना बिल्कुल पसंद नहीं था। उसने अपनी नाखुशी एक दिन यों प्रकट की, 'मंजू, तुम कपड़े पहनने का ढंग बिलकुल नहीं जानती। तुम्हारी मां ने बताया नहीं कि जींस इतनी टाइट नहीं पहननी चाहिए। ऐसी फिटिंग तुम पर बिल्कुल नहीं जंचती। कितनी भद्दी लगती हो तुम।

युवक से हमेशा विनम्रता के बर्ताव की युवती अपेक्षा रखती है। वह सोच भी नहीं सकती कि जिसे वह चाहती है और जो उसे चाहने का दावा करता है, वह कटुता भरे लहजे में बात करेगा। मंजू को नरेश की बात बुरी लगती है। वह पलटकर जवाब देती है, 'तुम्हें क्या अच्छा लगता है या क्या बुरा लगता है, यह तुम्हारी सिरदर्दी है। मैं वही करूंगी, जो मुझे अच्छा लगता है और सुनो, भविष्य में मुझसे मिलने की कोशिश मत करना।'

जरा-सी गलतफहमी के कारण नरेश और मंजू की मित्रता टूट गई।

गलतफहमी न पैदा होने दें

उम्र के किसी भी दौर में ऐसे संबंध चटक सकते हैं। किंतु किशोरावस्था व युवावस्था में युवक-युवतियों द्वारा पारस्परिक संबंध निभाना कुछ इस प्रकार है, जैसे तलवार की धार पर चलना। जरा-सी गलतफहमी पैदा हुई नहीं कि किसी की भावना आहत हो सकती है।

यदि नरेश समझदारी से काम लेता तो मंजू से कह सकता था, 'इफ यू डोंट माइंड मंजू, तुम इतनी टाइट जींस न पहना करो। सच कहता हूं, सलवार-सूट में तुम्हारा रूप और अधिक निखर जाएगा।

तब मंजू का जवाब निस्संदेह कुछ इस प्रकार से होता, 'रियली नरेश ! तुमने पहले क्यों नहीं बताया। इसमें क्या प्रॉब्लम है, कल से मैं तुम्हारी पसंद को ही अपनी पसंद मानूंगी।'

किशोरावस्था व युवावस्था के प्यार व दोस्ती में अधिकतर समय रूठने-मनाने में ही बीत जाता है। कई विचारकों ने आरंभिक आयु के दौर में युवक-युवतियों के रूठने-मनाने को प्यार और दोस्ती का अभिन्न अंग माना है। शेक्सपियर ने किशोरावस्था के प्रेम के इसी रूठने-मनाने को रोमियो-जूलियट नाटक में सशक्त अभिव्यक्ति दी है। किंतु रूठने-मनाने में सीमा का इतना अतिक्रमण नहीं करना चाहिए कि रूठे हुए को मनाया ही न जा सके।

युवती ऐसा बहुत कम करती है कि युवक को रूठना पड़े। जबकि युवती के निर्दोष मजाक पर युवक बुरी तरह रूठ जाता है और बहुत मनाने पर ही मान जाने का अहसान सा करता है। इसके विपरीत युवक जानबूझकर युवती को छेड़ता है और जब वह रूठ जाती है तो उसे मनाने की बहुत कोशिश नहीं करता।

कई बार युवती ऐसा कुछ नहीं कहती कि युवक के रूठने की नौबत आ जाए, किंतु युवक खुद युवती की बात को ऐसा रुख दे देता है कि युवती भी रुठती है और वह भी रुठता है।

बात-बात में मामला कितना बिगड़ सकता है, देखें यह उदाहरण :

रानी ने पूछा, 'क्यों अमित, कल कैंटीन में नीलम से बहुत घुल-मिलकर बातें कर रहे थे। जरा हमें भी तो पता चले, तुम दोनों में क्या मामला चल रहा है ?'

'मामला क्या चलना ? तुम एक नीलम की पूछ रही हो, यहां तो शहर की तमाम युवतियां लिफ्ट देने को तैयार बैठी हैं ?

'आई डोंट माइंड, हमें तो जब तक तुम्हारा साथ हासिल है, तब तक किसी बात की परवाह नहीं'।

'अरे, बातें मत बनाओ। मन-ही-मन ईर्ष्या से जल रही होगी।'

'मेरी जूती भी नहीं जलती, तो मैं क्यों जलूंगी।'

'नीलम कहती थी, रानी में ऐसा क्या है जो मुझमें नहीं है।'

अब रानी को बोध होता है कि मजाक में ही सही अमित जानबूझकर उसकी भावनाओं से खिलवाड़ कर रहा है। जवाब में कहती है, 'मुझमें ऐसा कुछ नहीं तो यहां क्या कर रहे हो, जाओ अपनी नीलम के पास।'

'वैसे नीलम में एक बात तो है, वह ईष्या नहीं करती।'

'ईर्ष्या तो तुम करते हो। उस दिन मानव से बात कर रही थी तो कैसे तुम्हारे तन-बदन में आग-सी लग गई थी।'

'वो बात अलग है। तुम गैरों से बात करोगी तो मैं बर्दाश्त नहीं कर सकता।'

'मानव गैर नहीं, हमारे साथ इसी कॉलेज में पढ़ता है।'

'तुम्हें मानव इतना पसंद है तो मुझसे क्यों मिलती हो?'

'मेरी भूल थी, जो मैं तुमसे मिलती थी। आज से तुम्हारे-हमारे रास्ते अलग-अलग हैं ?

इतना कहकर रानी चली जाती है और एक अच्छी दोस्ती का निर्ममता से अंत हो जाता है।

यदि अमित चाहता तो इस बात को इस हद तक बिगड़ने नहीं देता। रानी ने ऐसा कुछ नहीं कहा था, जिसे तूल देने की जरूरत थी। किंतु कुछ युवकों का स्वभाव होता है कि वे बात का बतंगड़ बनाने से बाज नहीं आतें महिला मित्र अथवा प्रेमिका के सामने उनका कुछ अधिक वाचाल होना आम बात है। इस स्वभाव से युवकों को बचना चाहिए वरना युवतियां इस कदर रूठ सकती हैं कि उनको मनाने के सारे रास्ते ही बंद हो जाएंगे।

यदि रानी यह पूछती कि 'क्यों अमित, कल कैंटीन में नीलम से बहुत घुल-मिलकर बातें कर रहे थे। जरा हमें भी तो पता चले कि तुम दोनों में क्या मामला चल रहा है।' तो इसके जवाब में अमित समझदार होता तो कह सकता था, 'कुछ नहीं यार, कह रही थी कि तुम दोनों की जोड़ी बहुत अच्छी लगती है।' और रानी को खुश कर सकता था। बेहतर यह है कि युवकों के सामने ऐसी स्थिति आए तो उसे बिगाड़ने के बजाय संवारने की कोशिश करें।

युवतियों को बौद्धिक युवक अधिक लुभाते हैं। जिस युवक के चेहरे पर आत्मविश्वास की आभा और आंखों में ज्ञान का नूर होता है, उसकी ओर युवतियां सहज ही आकृष्ट होती हैं।

सोच-समझ का दायरा विस्तृत करें

आज युवतियां युवकों के कंधो से कंधा मिलाकर आगे बढ़ रही हैं। हर क्षेत्र में युवकों का सफलतापूर्वक मुकाबला कर रही हैं। आज की युवती पहले की तरह चारदीवारी में कैद नहीं रहती। वे रसोई की सीमा पार कर ऐसे पदों तक पहुंच चुकी हैं, जो अब तक केवल युवकों के लिए आरक्षित माने जाते थे।

जाहिर है कि ऐसी स्थिति में युवती के सोचने-समझने का दायरा व्यापक हुआ है। उनके बौद्धिक स्तर में भी अधिक विकास आया है। ऐसी स्थिति में युवती ऐसा युवक पसंद करेगी जो बौद्धिक और ज्ञान-विज्ञान में पारंगत हो ।

युवतियों की आंखों में अपने लिए आकर्षण का भाव जगाने के लिए युवक का बौद्धिक होना आज अनिवार्य शर्त है। देश-विदेश से संबंद्ध उसका ज्ञान भंडार जितना विशाल होगा, उसका व्यक्तित्व उतना ही प्रखर होगा ।

यदि युवक सामान्य ज्ञान के अकूत खजाने का मालिक हो तो उसकी हाजिरजवाबी का कोई सानी नहीं होता। युवक को पुस्तक पढ़ने और अध्ययन करने की रुचि का विकास करना चाहिए। दैनिक समाचार-पत्रों को नियम से पढ़ना उपयोगी साबित होगा। इससे वह देश-विदेश की समसामयिक स्थितियों, घटनाओं और सूचनाओं की जानकारी प्राप्त करता है।

बौद्धिक युवक के साथ युवती जब कहीं जाती है तो वह अपनी पसंद पर गर्वित होती है, क्योंकि ऐसा युवक कहीं भी मात नहीं खाता। वह हर प्रकार की चर्चा में हिस्सा लेता है और सबको सही जानकारी मुहैया कराता है।

जो युवक सवाल के जवाब में खीसें निपोरता है, बगले झांकता है या उलटे-सीधे तर्क देकर अपनी बात को सही सिद्ध करने का प्रयास करता है, उस पर किसी युवती की आंख नहीं उठती।

सच तो यह है कि हर युवक युवती का दिल जीत सकता है। बस, उसे युवती की रुचियों व अपेक्षाओं की जानकारी होनी चाहिए और तदनुसार स्वयं को ढालना चाहिए।

यदि युवक पढ़ाई में निठल्ला है, खेलकूद में भी उसकी रूचि नहीं, कैंटीन में युवतियों के झुंड में बैठकर चहकता है और सोचता है कि वह कॉलेज में लोकप्रिय है तो यह उसकी भूल है। युवतियां तो युवतियां, सहपाठी युवक भी उससे बिदकते हैं।

सुसंस्कृत युवक दूर से ही पहचाना जा सकता है। वह सभ्य होता है। पढ़ाई और खेलकूद में उसकी सम्यक रुचि होती है। कैंटीन में मित्रों के झुंड में चहकता नहीं। पारस्परिक बातचीत में जब आवश्यकता समझता है, तभी तर्कसम्मत विचार प्रस्तुत करता है। युवतियां उसका साहचर्य पाने को उत्सुक होती हैं।

युवतियों का सान्निध्य पाने के लिए धनवान होना बिल्कुल जरूरी नहीं। धनवान युवक यदि सुसंस्कृत व सुसभ्य नहीं, पढ़ने-लिखने में उसकी रूचि नहीं तो वह लोकप्रिय नहीं हो सकता। गरीब युवक में यदि संस्कार और सभ्यता है, पढ़ने-लिखने में कुशाग्र है तो वह लोकप्रियता हासिल करता है।

यदि युवक अपने ज्ञान भंडार पर इतराता है या बौद्धिक होने का अहसास उसे अभिमानी बना देता है तो भी वह लोकप्रियता से वंचित होता है।

संस्कारों से युक्त बौद्धिक युवक सदैव निरभिमानी होता है। वह जितना ज्ञान प्राप्त करता जाता है, उतना ही विनम्र होता है। वह सबसे सम्मान से पेश आता है। विशेषकर युवतियों के प्रति उसके विचार उच्च होते हैं। वह घर में जितना मां को सम्मान और बहन को स्नेह देता है, उतना ही बाहर परिचित-अपरिचित, युवतियों को यथायोग्य स्नेह और सम्मान देता है। उसे अपनी चहेती को खुश रखना आता है।

वह युवती पर अपनी इच्छाएं नहीं थोपता, अपने मनचाहे रास्तों की ओर नहीं धकेलता और न ही उसकी स्वतंत्रता को बाधित करता है। उसकी उदारता के बावजूद युवती अपनी इच्छाओं को वरीयता नहीं देती, बल्कि उसकी इच्छाओं का आदर करती है और उसके पथ का अनुसरण करती है।

युवक कभी युवती को इस बात का अहसास न होने दे कि उसका निजत्व और व्यक्तितव महत्वपूर्ण नहीं, बल्कि उसके व्यक्तितव में जो रचनाशीलता है, उसे विकसित करने की प्रेरणा व उसके निजत्व की विशेषता को उजागर करे। उसे स्वयं में संपूर्णता का आभास कराए।

ऐसे युवक से प्यार करके युवती कभी निराश नहीं होती। साथी के रूप में उसे पाकर गर्वित होती है।

विवाह के पश्चात भी प्रेम बनाए रखें

पारिवारिक स्वरूप कैसा होना चाहिए, यह पूरी तरह गृहिणी के स्वभाव पर निर्भर है। किंतु गृहिणी का स्वरूप कैसा हो, यह पति के व्यवहार पर निर्भर है। पति-पत्नी की भूमिकाओं का निर्धारण युवक-युवतियों के पारस्परिक संबंधों में युवावस्था में तय हो जाता है।

यदि पति गृहिणी को समान स्तर का मानता है, घर में पति-पत्नी में भेदभाव नहीं है, पत्नी को आदर की दृष्टि से देखता है, पारिवारिक समस्याओं में पत्नी से विचार-विमर्श करता है, उसके परामर्श को महत्व देता है, घरेलू मामलों में पत्नी के फैसलों में दखलअंदाजी नहीं करता, उसकी पाक-कला व घर की साज-सज्जा के कौशल की तारीफ करता है तो ऐसी स्थिति में पत्नी के स्वाभिमान की रक्षा होती है और वह निश्चिंत होकर घर का सफलतापूर्वक संचालन करती है। उसे हर बात के लिए पति के दिशा-निर्देशों की प्रतीक्षा नहीं करनी पड़ती।

ऐसे परिवार में सुख, समृद्धि और शांति का साम्राज्य होता है। बच्चे मां का कहना मानते हैं। पड़ोसी भी सम्मान से पेश आते हैं।

किंतु यदि युवक सुसंस्कृत और ज्ञानसंपन्न नहीं है तो वह युवतियों के सम्मान को कोई अहमियत नहीं देता। उसकी दृष्टि में युवतियां केवल भोग्या होती हैं।

ऐसा करके वह वैवाहिक जीवन को नारकीय बना लेता है। पत्नी का जीना हराम कर देता है। बात-बेबात पत्नी का अपमान करता है। बच्चों व परायों के सामने उसे डांटता-डपटता है। घर को अपनी मर्जी से चलाता है। पत्नी के परामर्श को वह कोई महत्व नहीं देता। पत्नी स्वतंत्रतापूर्वक कुछ नहीं कर पाती। हर बात में पति के आदेश का पालन करती है। घर में कौन-सी सब्जी बननी है और उसमें कितना नमक-मिर्च डालना है-इस बारे में भी पति ही फैसला करता है। पति कहता है उठो तो वह उठती है, पति कहता है बैठो तो वह बैठती है। उसकी स्वतंत्रता छीन ली जाती है और पति अपनी इच्छाओं के अनुसार उसे परिचालित करता है।

ऐसे पत्नी का सारा आत्मविश्वास पति निचोड़ लेता है। स्वाभिमान क्या होता है, उससे वह परिचित नहीं होती। बच्चे उसका आदर नहीं करते। पड़ोसी

कटुता से पेश आते हैं। घर में कोई उसे नौकरानी से अधिक महत्व नहीं देता। उसे खाना बनाने और घर की सफाई करने वाली दासी माना जाता है।

ऐसे घर में जहां गृहिणी का आदर नहीं होता, वहां सुख, समृद्धि और शांति की कल्पना करना हथेली पर सरसों उगाने के समान है। घर में कलह, अभाव वैमनस्यता का साम्राज्य छा जाता है।

वस्तुतः जिस युवक में सभ्यता व संस्कारों का अभाव होता है, वह किसी भी क्षेत्र में सफल नहीं होता। वह न अच्छा छात्र बन पाता है और न अच्छा कैरियर चुन पाता है। वह न अच्छा दोस्त होता है और न काबिल पति। संक्षेप में कहा जा सकता है कि वह मानवीय संवेदनाओं से शून्य होता है। वह अपने निजत्व और व्यक्तित्व का तो अपमान करता ही है, दूसरों को भी उनका देय देने से कतराता है। युवतियों की दृष्टि में ऐसे युवक जिस युवती की अभिलाषा करता है, वह उसके सम्मुख आ खड़ी होती है।

संस्कारवान युवक के सान्निध्य में आने वाला उससे अभिभूत हुए बिना नहीं रहता। युवतियां उसे अपने सपनों का आदर्श राजकुमार मानती हैं।

जीवन में सम्बन्धों का अर्थ

जन्म लेने के साथ ही मनुष्य विभिन्न सम्बन्धों से जुड़ जाता है। हम यह जानने की कोशिश करेंगे कि इन सम्बन्धों की वजह से मनुष्य कितना प्रसन्न रह पाता है ।

सम्बन्ध बनाते हुए हम एक-दूसरे के प्रति एक छवि बना लेते हैं, यह स्थिति ही सम्बन्धों का निर्माण करती है न कि मनुष्य निर्माण करते हैं । इन मानसिक आकृतियों पर आधारित सम्बन्ध सम्बन्धों में शांति नहीं लाते (क्योंकि ये आकृतियां काल्पनिक हैं तथा इनके सहारे कोई ज्यादा समय तक नहीं रह सकता । लेकिन मैं यहां उनसे मतभेद रखता हूँ । मेरे विचार में सम्बन्धों से मानसिक शान्ति आपकी सोच पर निर्भर है । सम्बन्ध या बाहरी वस्तु शान्ति प्रदान नहीं कर सकते । ये सम्बन्ध बने या न बनें, इससे कोई फर्क नही पड़ता । हमारा विषय क्षेत्र है कि प्रसन्नता की स्थिति को कैसे बरकरार रखा जाए । हमारे पास इसके अलावा कोई चारा नहीं है कि हम अपनी सोच तथा दृष्टिकोण के साथ जीएं । जब हमारे पास और कोई उपाय नहीं है तो क्यों न इस सोच को सशक्त बनाया जाए एवं बदलाव लाया जाए । हमारा रवैया, सोच, दृष्टिकोण ही हमारे व्यक्तित्व का निर्माण करता है जिसकी वजह से हमारा जीवनभर विकास होता है ।

माता-पिता एवं पुत्र

जैसा कि हमने पहले भी कहा कि मनुष्य का निर्माण कार्य उसके जन्म के कुछ महीने के बाद तक चलता रहता है। इस दौरान बच्चा अपने माता-पिता के साथ एकदम आत्मसात हो जाता है । प्रमाणों से पता चलता है कि नवजात

शिशु अपने तथा शेष दुनिया में भेद नहीं कर पाता । न ही उसमें पहचानने की शक्ति का विकास हुआ है । ज्यों-ज्यों बच्चा होता जाता है, तब बाहरी दुनिया से उसका सम्पर्क बढ़ता है तथा उसमें जानने-पहचानने की शक्ति का धीरे-धीरे विकास होता जाता है । साथ ही उसकी पहचान बनाने की प्रक्रिया भी बचपन से लेकर किशोरावस्था तक जारी रहती है ।

बच्चे तथा माता-पिता के सम्बन्ध मनुष्य के व्यक्तित्व के विकास में महत्वपूर्ण भूमिका निभाते हैं। अगर बच्चे को माँ-बाप से अलग कर दिया जाए तब उसका किस प्रकार विकास होता है ? इस प्रकार के अध्ययन के लिए अब तक दो परीक्षण हुए हैं । तेरहवीं शताब्दी में सम्राट फ्रेडरिक द्वितीय ने यह अध्ययन करने के लिए कि अगर बच्चे को किसी से बात न करने दी जाए तो वह कौन-सी भाषा बोलेगा ? इसके लिए कुछ नवजात शिशुओं को चुना गया तथा प्रशिक्षित लोगों की देख-रेख में उन बच्चों से बात न करने का आदेश दिया । इंतजार किया कि देखें क्या होता है । बद-किस्मती से यह असफल रहा तथा सभी शिशुओं की मृत्यु हो गयी ।

1930 ई० के दौरान एक मनोचिकित्सक रेने स्पिज ने स्विस अनाथालय में एक अध्ययन किया । आठ माह के बच्चों को उनके माता-पिता से अलग रखा गया । अच्छी खुराक देने एवं देखभाल करने के बावजूद बहुत से भूखे मर गए। शिशु बिना प्यार, लाड़-दुलार के मर सकते हैं । इससे पता चलता है कि जन्म के बाद जीव उन लोगों के साथ आत्मसात हो जाता है जो उसका पालन-पोषण करते हैं।

मनुष्य के व्यक्तित्व के विश्वास की नींव बचपन में पड़ती है । जैसा कि हमने पहले भी कहा कि उम्र के साथ उम्र के इस पड़ाव पर बच्चे की प्रसन्नता कि सोच पर बात करना असंभव नहीं तो मुश्किल जरूर है (क्योंकि बच्चा अपने विकास की प्रक्रिया से गुजर रहा होता है । वह हर मिनट अपने आस-पास के वातावरण से जो कुछ सीखता है वह उसके व्यक्तित्व के विकास में सहायक होता है । यह विकास नकरात्मक भी हो सकता है, सकारात्मक भी हो सकता है । इसलिए सभी विद्वान एकमत हैं कि माता-पिता को चाहिए कि बच्चों को खुशनुमा बचपन प्रदान करें ।

संक्षेप में, अगर कहा जाए तो माता-पिता तथा बच्चे के आपसी सम्बन्ध काफी महत्व रखते हैं । अच्छी देखभाल बेहतर व्यक्तित्व के निर्माण में सहायक होती है, जबकि इसके विपरीत परिस्थिति उसके नुकसान पहुंचा सकती है ।

बच्चे की देखभाल करने का तरीका अलग-अलग समय में तथा अलग समाजों में, परिवारों में भिन्न रहा है । लेकिन तरीका चाहे कितना भी अलग हो लेकिन एक बात सच है कि बेहतर प्यार-दुलार, लाड़ प्यार, बच्चे के लिए अच्छा है, इसमें जरा भी लापरवाही दुःखद एवं बुरी होती है । घर पर बच्चों को जरूरत से ज्यादा सीख देने की कोशिश नहीं करनी चाहिए तथा उन्हें एक सीमा तक आजादी देनी चाहिए ताकि वे खुद अपने अच्छे बुरे की समझ विकसित कर सकें। उनको नियंत्रित करने की अपेक्षा यह दिखाओ कि कैसे अपने आप पर नियंत्रण रखना चाहिए । जो हम करते हैं बच्चे वही करेंगे, जो हम कहेंगे, नहीं करेंगे । हमें वो सब करना चाहिए जो उन्हें खुशी प्रदान करे, उनकी सफलता में सहायक हो तथा उनके तैयार करने में पूरी मदद करें । हमें उनके लिए विकासोन्मुख वातावरण तैयार करने में पूरी मदद करनी चाहिए । बच्चे के लालन-पालन में माता पिता दोनों की बराबर की भूमिका होती है । पिता किसी बहाने का सहारा लेकर अपनी जिम्मेदारी से मुक्त नहीं हो सकता। क्योंकि बच्चे के पालन-पोषण में जरा-सी भी कोताही, कई बार पछताने का मौका भी नहीं देती।

मित्रता

सभी रिश्तों या सम्बन्धों में मित्रता का सम्बन्ध सबसे महत्वपूर्ण सम्बन्ध माना जाता है । मेरे विचार में मित्रता ही सभी सम्बन्धों का आधार होती है । अगर पति-पत्नी आपस में भिन्न है तो बेहतर ढंग से जिंदगी जी सकते हैं, अगर माता-पिता तथा पुत्र आपस में दोस्त हैं तो सम्बन्ध आरामदायक तथा सामान्य बने रहेंगे । अगर बहन तथा भाई आपस में दोस्त हैं तो उन्हें एक दूसरे का संग भाएगा । इसलिए रिश्तों को बेहतर ढंग से निभाने के लिए मित्रता अति

आवश्यक है । एक मित्र परिवार का सदस्य भी हो सकता है। लेकिन जरूरी नही कि परिवार का सदस्य मित्र बन सके ।

मित्रता में आनंद होता है । भावनाओं की कदर होती है । आपसी विश्वास होता है । एक दूसरे का सम्मान होता है, आपसी समझ-बूझ एवं सोच होती है । ज्यादातर लोगों के दोस्त होते हैं जो समय-समय पर भोजन कर लेते हैं, खेल लेते हैं, आपस में गपशप, सुबह की सैर कर लेते हैं । लेकिन ये वे दोस्त नहीं होते जो ऊपर लिखी कसौटी पर खरे उतरें। हेनरी एड्म कहते हैं, ''एक सच्चा मित्र काफी है, दो ज्यादा होते हैं, तीन मुश्किल से हो पाते हैं ।''

व्यक्तित्व के विकास में मित्र की भूमिका सबसे महत्वपूर्ण होती है । सच्चा दोस्त हमेशा शुभचिन्तक होता है तथा आपके व्यवहार को आलोचनात्मक दृष्टि से तौलता हैं, आपके व्यक्तित्व की कमी को उजागर करके आपको अहसास दिलाता है । लाला हरदयाल ने निरीक्षण प्रणाली की वकालत की है। अपने दो दोस्तों खासतौर पर महिला एवं पुरूष को एक निश्चित समयावधि के लिए आपको मोनिटर करने को कहें । अपने इन दोस्तों का नाम सबको बताते हुए कहें कि आपके खिलाफ जिस किसी को कोई शिकायत हो इन मित्रों से कहें । इन मित्रों का यह कर्त्तव्य होगा कि वे महीने के किसी तय दिन को आपको आपकी कमजोरियां बताएं तथा दूसरे आपके बारे में क्या सोचते हैं उससे अवगत कराएं । जरूरत पड़ने पर आपकी आलोचना करने में पीछे न हटें । ये मोनिटर आपके लिए शीशे का काम करेंगे जिसमें आप अपने आपको देख सकें। इससे यह फायदा होगा कि आपके व्यक्तित्व में निखार आएगा। इस प्रकार आपके दोस्त ही आपके लिए नैतिक गुरू की भूमिका निभाएंगे।

अब दूसरा प्रश्न मेरे दिमाग में आता है—क्या अनैतिक मित्र भी होते हैं ? शायद हां । यदि दो दोस्त आपस में एक दूसरे की हां में हां मिलाते हैं तो यह एक तरह की अपराधिक स्थिति होगी । जहां तक इस पुस्तक के विषय का सम्बन्ध है, मेरा विचार है कि इस तरह की अनैतिक मित्रता अन्त में देर-सवेर अप्रसन्नता को ही जन्म देती है । जबकि सच्ची मित्रता प्रसन्नता की सोच विकसित करने में सहायक होती है ।

प्यार व इसके प्रकार

साधारण शब्दों में कहें तो प्यार और कुछ नहीं एक भावनात्मक लगाव है जिसमें दो इंसान एक दूसरे के इतना करीब आ जाते हैं कि सुख, दु:ख, पीड़ा, आनंद आदि भावनाएं आपस में इकट्ठे महसूस करते हैं। प्यार कई किस्म का हो सकता है। यह इस बात पर निर्भर करता है कि प्यार का उद्देश्य क्या है? इसको महसूस करने वालों की समझ कर स्तर क्या है? कुछ विद्वानों ने प्यार को दैवीय प्यार, मित्रता, लगाव, रोमांस आदि के रूप में परिभाषित किया है जबकि कुछ विद्वानों ने प्यार को आत्म-केन्द्रित, सहयोग, बिना शर्त का बंधन आदि में बांटा है । कुछ विद्वान प्यार को दो शरीरों के मिलन, आत्माओं के एकाकार के रूप में स्वीकार करते हैं, जबकि अन्य सच्चे प्यार में सेक्स के वजूद को नकराते हैं ।

प्यार के महत्व को ध्यान में रखते हुए इसे दो मुख्य भागों में बांटा जा सकता है। प्रथम प्रकार के प्यार को दो इंसानों के बीच आत्मीय लगाव कहा जाता है । इसे हम दूसरे शब्दों में प्यार का रिश्ता भी कह सकते हैं । इस प्यार के रिश्ते को आगे दो भागों रोमांटिक प्यार तथा अध्यात्मिक प्यार में बांट सकते हैं । दूसरे प्रकार के प्यार को दैवीय प्यार कहा जाता है। इसे सांसरिक प्यार भी कहते हैं यानी भगवान की बनायी सृष्टि सृजन से प्यार करना । इसे ईश्वरीय प्रेम भी कह सकते हैं ।

आत्मीय प्यार

आत्मीय प्यार से मतलब दो व्यक्तियों में उच्च स्तर का भावनात्मक लगाव जिसमें सेक्स की इच्छा आवश्यक गुण नहीं होती । इसे हम प्लेटोनिक प्यार के रूप में स्वीकार करते हैं। इस प्यार की श्रेणी में भाई-भाई का प्यार, माता-पिता तथा बच्चे में प्यार, भाई-बहन, में प्यार दोस्तों में प्यार, पति-पत्नी का प्यार आते हैं ।

बचपन में यह प्यार बच्चे की तरफ से आत्म-केन्द्रित होता है जबकि माता-पिता की तरफ से बिना शर्त का प्यार होता है । व्यस्क अवस्था के प्यार में ये दोनों गुण नदारद हो जाते हैं । इस अवस्था का प्यार न तो आत्म केन्द्रित

होता है, न ही बिना शर्त के । आत्म-केन्द्रित प्यार ज्यादा दिनों तक नहीं रह सकता है तथा जितने दिन भी रहता है वह परेशानियों से भरपूर रहता है । यही बात बिना शर्त के प्यार पर भी लागू होती है । ऐसा प्यार युवावस्था में, विकास में रूकावट पैदा करता है । दो व्यस्कों में प्यार को कमाया जाता है । इसमें कुछ गलत भी नहीं क्योंकि इस अवस्था में एकतरफा प्यार सफल नहीं हो सकता है । दोनों तरफ बराबर का समर्पण भाव हो तभी सफलता मिलती है । इसमें कोई शक नहीं कि कुछ ऐसे भी व्यस्क हैं जो अपने जीवन-साथी से माता-पिता के समान प्यार की कामना करते हैं । इसे स्वस्थ परम्परा नहीं का जा सकता ।

व्यस्कों के बीच प्यार बिना शर्त के नहीं होता । लेकिन साथ ही शर्तों की आड़ में स्वार्थपरक प्यार को भी नहीं अपनाया जा सकता। शर्त से हमारा मतलब अगर किसी प्यार में शर्त लगा दी कि अगर तुम मेरा यह काम करो तो मैं तुम्हें प्यार करूंगा । क्या इसे प्यार कहा जा सकता है ? बिल्कुल नहीं प्यार को पाने के लिए कोई शर्त लगाने की जरूरत नहीं ? क्योंकि प्यार दो तरफा कोशिशों का परिणाम है। कुछ लोग इस बात से असहमत हो सकते हैं कि प्यार शर्त सहित होता है । कुछ की मान्यता है कि प्यार में कोई शर्त नहीं होती । लेकिन मेरे विचार में किसी शर्त के न होने की व्याख्या करना भी अपने आप में एक शर्त है । क्या आपसी विश्वास, आपसी सम्मान, आपसी देखभाल, आपसी समर्पण, आपसी समझबूझ आदि ये आवश्यक शर्तें नहीं है किसी प्यार को फलने-फूलने के लिए ? ये किसी प्यार के पनपने के आवश्यक गुण हैं । इस हिसाब से प्यार बिना शर्त के कहां हुआ । लेकिन अगर कोई दुहाई देता रहता है तब इसे प्यार की श्रेणी में नहीं रखा जा सकता।

दो बराबर के तथा स्वतन्त्र लोगों के बीच भावनात्मक लगाव व्यस्क अवस्था का प्यार है । मालिक तथा नौकर, उच्च अधिकारी तथा छोटे कर्मचारी का सम्बन्ध बन जाता है । प्यार एक दूसरे पर मालिकाना हक नहीं है । प्यार में ऐसा भी नहीं होता कि अगर आप कहें कि मैं एक भाई को प्यार करूंगा तो दूसरे को नहीं करूंगा । अगर पत्नी को प्यार करूंगा तो मां को प्यार नहीं कर सकता । एक मित्र को प्यार करूंगा तो दूसरे मित्र को नहीं कर सकता । क्या आप ऐसा कह सकते हैं

क्योंकि मैं आपको प्यार करता हूँ या करती हूँ तो आपको निर्देश मानने होंगे। इसलिए प्यार में किसी प्रकार की जोर-जबरदस्ती या हक नहीं चलता।

क्या आत्मीय प्यार एक सोच या भावना है ? जैसा कि हम जानते हैं कि हमारी सोच हमारे व्यक्तित्व का स्वभाविक गुण है। अगर प्यार आपके इसी गुण पर निर्भर करता है तो इसे आपसी समझ नहीं कहा जा सकता है। यदि प्यार आपके व्यक्तित्व का हिस्सा है तो यह किसी के भी साथ समायोजित हो सकता है तथा दीर्घकालिक होगा। इसलिए दो इंसानों में आत्मीय प्यार भावनात्मक लगाव है न कि उनकी सोच।

रोमांटिक प्यार

रोमांटिक प्यार वह प्यार है जिसमें भावनाओं का ज्वार कुलाचें मारता है। यह स्थिति तब होती है जब हम कहते हैं हमें किसी से प्यार हो गया है या हम किसी के साथ प्यार मे पड़ गए हैं। साधारणतया दो विपरीत लिंग के लोगों को ऐसा प्यार हो जाता है।

इस प्यार में समय-समय पर कई तरह की भावनाएं उमड़ती हैं जैसे-गुस्सा, भय, सेक्स की इच्छा, आनंद एवं ईर्ष्या। ये सारी भावनाएं सकारात्मक नहीं है। एक अध्ययन के अनुसार रोमांटिक प्यार में पड़े लोग मित्रों की अपेक्षा जल्दी अवसाद के शिकार हो जाते हैं।

इस प्यार में सेक्स की इच्छा एक महत्वपूर्ण तत्व है। एक विद्वान एलन बर्शेड के अनुसार, यह प्यार 90 प्रतिशत मामलों में सेक्स की इच्छा लिए हुए है। डॉ० मेल्विन कोनर कहते हैं कि प्यार का ज्वार सेक्स को अंजाम देकर ठंडा होता है। प्रो० सिन्डी होजन ने एक अध्ययन से साबित किया है कि युवक युवती जो प्यार में पड़े हैं उनमें प्यार के ज्वार की समय सीमा 18 से 30 माह तक। इसके बाद दोनों सेक्स करते हैं फिर बच्चे को जन्म देते हैं। डॉ० जॉन मनी भी लगभग इस मत से सहमत हैं। वे कहते है कि प्रकृति बहुत चतुर है वह गर्भ धारण करने के लिए काफी समय देती है। वह प्यार की आग का आनंद लेने के लिए दो वर्ष का समय देती है। जब गर्भधारण करने पर बच्चा जन्म ले लेता है तो यह प्यार त्रिकोणीय हो जाता है।

प्यार का उद्‌देश्य कुछ भी हो लेकिन यह बात तो माननी ही होगी कि रोमांटिक प्यार में वो कशिश होती है कि एक दीवानगी की हालत में पहुंचा देती है । ओशो के अनुसार, यही वह स्थिति है जिसमें ध्यान की तकनीक को विकसित किया जा सकता है । यही वह प्यार है जिसमें हम आसमान से तारे तोड़कर लने का वादा करते हैं । रोमन सभ्यता में प्यार को देवता तुल्य माना गया हैं । रोमन में 'क्यूपिड' तथा ग्रीक में 'इरोज' देवता की कल्पना की गई है । हिन्दू धर्म में 'कामदेव' की कल्पना की गई है । हीर-रांझा, शीरीं-फरहाद, लैला-मजनूं, रोमियों-जूलियट के प्यार के गीत आज भी बड़े चाव से सुने जाते हैं । यह वह विषय है जिस पर हजारों पुस्तकें लिखी जा चुकी हैं, कितनी ही फिल्में बन चुकी हैं । कवियों की कविताओं का यह महत्वपूर्ण विषय है।

लेकिन ऐसे लोगों की कमी नहीं जो रोमांटिक प्यार को पूर्णतया नकारते हैं । दलाई लामा का विचार है, इसे सकारात्मक वस्तु की संज्ञा नहीं दी जा सकती । यह वह प्यार है जिसमें स्वार्थ छिपा है, कल्पना संसार है, वास्तविक प्यार से कोसों दूर मानसिक पीड़ा का महत्वपूर्ण स्रोत है। इसलिए इन नकारात्मक पहलुओं को देखते हुए इसे सकारात्मक वस्तु मानना गलत होगा । इस तरह के प्यार के बारे में आस्कर वाइल्ड कहते हैं – जब कोई प्यार में पड़ता है तो इसकी शुरूआत अपने आपको धोखा देने से होती है तथा अन्त भी दूसरों को धोखा देते हुए होता है ।

प्यार के सम्बन्ध में पक्ष तथा विपक्ष में जो विचार दिए गए हैं वे एक तरफ तो ऐसे हैं जैसे संसार में प्यार से बेहतर कोई चीज ही नहीं है । इसके विपरीत विचार बताते हैं जैसे प्यार से बुरी कोई चीज नहीं है । ये दोनों ही स्थितियां अतिश्योक्ति पूर्ण हैं । मेरे ख्याल से समस्या प्यार में नहीं बल्कि उस विश्वास में है जो प्यार के द्वारा प्रसन्नता की कामना रखता है। अगर आप संतुलित रहते हुए अल्पकालिक खुशी के रूप में स्वीकार करें तो शायद संतुलित रहते हुए अल्पकालिक खुशी के रूप में स्वीकार करें तो शायद स्थिति हमें अतिश्योक्तिपूर्ण न लगे । फिर हम प्यार के प्रति काल्पनिक आशा नहीं पनपने देंगे । इससे हम भली भांति समझा पाएंगे कि क्यों सामान्य व्यक्ति प्यार में सुध-बुध खो देता है जबकि धार्मिक व्यक्ति इसे नकारात्मक वस्तु मानते हैं ।

इसमें कोई शक नहीं कि इस प्रकार का प्यार दो इंसानों को आपस में जुड़ने में महत्वपूर्ण भूमिका निभाता है । इसी प्यार के कारण दो इंसान खासतौर पर पश्चिमी देशों में, शादी के बंधन में बंध जाते हैं । क्या हम प्यार करना बन्द कर सकते है ? नहीं जनमानस इस विचार को कभी स्वीकार नहीं करेगा । प्यार की महत्ता के बारे में कितने ही कारण गिनाएं जा सकते हैं । कुछ विद्वान तो इस मत के हैं कि भगवान ने सृष्टि चलाने के लिए, इंसान को प्यार तोहफे के रूप में दिया है ।

क्या हम ऐसा कुछ कर सकते हैं जिससे प्यार का नकारात्मक प्रभाव खत्म नहीं तो कम अवश्य हो जाए ? ऐसा अवश्य किया जा सकता है ? इसके लिए खुले दिमाग, खुली सोच की जरूरत है। आपका संतुलित नजरिया ही आपको सामान्य बनाए रख सकता है। अन्यथा दवा की तरह किसी समय में उच्च सीमा तक पहुंच जाओगे तो दूसरे समय में अपने को ठगा सा पाओगे ।

ज्यादातर मामलों में प्यार की परिणति शादी के रूप में होती है । हर कोई चाहता है कि शादी जीवन पर्यंत बनी रहे इसके लिए हर एक को कोशिश करनी होगी जीवन साथी का साथ सच्चे मित्र के रूप में अपनाएं तथा रिश्तों को निभाने में ईमानदारी बरतें । जैसा कि मैंने पहले भी कहा कोई मजबूत सम्बन्ध मित्रता के आधार पर टिका होता है ।

परिवार

आज परिवार का जो मतलब हम समझते हैं उसमें पति-पत्नी तथा उनके बच्चे शामिल हैं। मनोवैज्ञानिक कहते हैं कि यह परिवार एक प्राकृतिक बॉयोलोजिकल संस्था है । पति तथा पत्नी व्यक्तिगत प्यार एवं सेक्स संतुष्टि की इच्छा के कारण एक दूसरे की तरफ आकर्षित होते हैं । इसी प्यार के समर्पण के परिणामस्वरूप बच्चे जन्म लेते हैं । क्या ऐसा है ?

नहीं, परिवार कई सूरतों में बॉयोलोजिकल संस्था नहीं है । पहला परिवार की जरूरत के लिए बच्चे पैदा नहीं होते, न ही किए जाते हैं । ऐसे बहुत से स्तनधारी प्राणी हैं जिनके परिवार नहीं है फिर भी बच्चे पैदा होते हैं । दूसरे, बहुत से देशों में परिवार का आधार युवक-युवतियों का प्यार तथा आकर्षण

नहीं है बल्कि शादी–माता–पिता द्वारा करायी जाती है तीसरे, ऐतिहासिक रूप में हम जानते है कि परिवार मनुष्य की बनायी संस्था है न कि प्रकृति प्रदत्त कोई संस्था या आवश्यकता।

परिवार का उद्‌गम एवं इसका बदलता स्वरूप किसी समाज के आर्थिक सम्बन्धों पर निर्भर करता है । प्राचीन समय में जब मनुष्य शिकार पर निर्भर करता था परिवार नाम की कोई चीज अस्तित्व में नही थी । ऐसा कुछ नहीं था कि कहा जाए यह मेरा पति है, मेरी पत्नी है या मेरी संतान है । सभी हम थे ।

कृषि के आविष्कार के बाद मनुष्य ने खानाबदोश की जिंदगी पर विराम लगा दिया । अब जमीन का टुकडा फसल उगाने के लिए महत्वपूर्ण हो गया । जमीन के उपजाऊपन के हिसाब से या तो जमीन अच्छी थी या उतनी हीं अच्छी नहीं थी । अब व्यक्तिगत उत्पादकता को मापना आसान हो गया था। अब यह सम्भव हो गया था कि छोटे–छोटे समूह एक जगह पर स्वतन्त्र रूप में रह सकें । इसी व्यक्तिगत एवं मेरा कहने की भावना ने जमीन तथा फसल को ही नहीं बल्कि महिला, पुरूष, बच्चों को अपने दायरे में ले लिया । इस तरह मनुष्यों का समूह जिसमें एक पुरूष प्रधान हो परिवार कहलाने लगा।

भारत जैसे देशों में संयुक्त परिवार व्यवस्था पुरानी चली आ रही परिवार प्रणाली का ही रूप है । ऐसे परिवारों में परिवार का मुखिया ही सब कुछ होता है। सभी आर्थिक तथा सामाजिक फैसले उसी के द्वारा लिए जाते हैं । वह या ज्यादा पत्नियां रख सकता था । बच्चों की शादी कुछ ही की जाए ताकि भूमि का बंटवारा न हो सके । सभी बेटे, उनकी पत्नियां, उनके बच्चे, पुत्रियां तथा नौकर को मिलाकर एक संयुक्त परिवार बनता था । शायद यह अल्पविकसित कृषि अर्थव्यवस्था की जरूरत थी जहां ज्यादातर काम, बहुत से लोगों द्वारा हाथ से किया जाता था।

जैसे ही अर्थव्यवस्था का स्वरूप बदला तो परिवार का स्वरूप भी बदल गया । कृषि का मशीनीकरण हो गया तथा उद्योग घन्धे स्थापित होने लगे। इस प्रकार बहुत से हाथ जो पहले कृषि कार्यों में लगे होते थे, अब उद्योग धन्धों में लग गए। अब संयुक्त परिवारों की आवश्कयता घटती गई तथा परिवार के मुखिया की हुकूमत का असर कम होने लगा। जिसका परिणाम यह हुआ कि एकल परिवार व्यवस्था का जन्म हुआ तथा यह व्यवस्था आज की जरूरत बन गई।

आगे, अर्थव्यवस्था के विकास ने गृहस्थी के कार्य को ऐसा बना दिया कि उसे अकेले ही निपटा लिया जाए तथा जीवन साथी की आवश्कयता कम महसूस होने लगी । इससे परिवार नाम की संस्था को धक्का लगा। विभिन्न आंकड़ों से साफ जाहिर है कम से कम विवाह, अधिक से अधिक तलाक तथा कम बच्चे ।

परिवार के सामने आने से पुरूष ने सारी बागडोर अपने हाथ में रखी । महिलाओं को बच्चे पैदा करने तथा उन्हें पालने की जिम्मेदारी सौंपी गई । ज्यादा बच्चों को अच्छा समझा जाता था क्योंकि वे कमाई में ज्यादा हाथ बंटाएंगे । महिलाएं घर की चारदीवारी तक सीमित होकर रह गई । खेती बाड़ी के काम को पुरूषों ने अपनाया । महिलाएं सार्वजनिक जीवन से बिल्कुल अलग कर दी गई। धर्म का भी पुरूषीकरण कर दिया गया तथा सारे सम्बन्धित काम पुरूष के हाथ में ही रहे। पुरूष ने सेक्स का अधिकारिक इस्तेमाल किसी विशेष महिला या महिलाओं के ऊपर इस्तेमाल करना शुरू कर दिया। धर्म के ठेकेदारों द्वारा इस पर मोहर लगाने पर इस व्यवस्था को विवाह का नाम दिया जाने लगा ।

क्या विवाह या परिवार प्रसन्नता को बढ़ावा देते हैं ? इस बारे में लोगों की अलग-अलग राय है। फिर भी विवाह तथा परिवार दूसरे के साथ रिश्ता बनाने का नाम आप से प्रसन्नता से किस प्रकार जोड़ते हो यह आपके व्यक्तित्व पर निर्भर करता है ।

सेक्स

सेक्स एक ऐसा विषय है जिस पर हमारा समाज सबसे ज्यादा बंटा हुआ है तथा आजीबोगरीब स्थिति में है । बाइबिल में एडम तथा ईव के सेक्स को पाप माना गया । ओशा अपने अनुयायियों से कहते हैं कि सेक्स के द्वारा परम ज्ञान की अवस्था तक पहुंचा जा सकता है जबकि प्राचीन भारत में सेक्स पर लिखित पुस्तक 'कामसूत्र' को शास्त्र की संज्ञा दी गई थी । जबकि आधुनिक भारत में सेक्स पर बात करना भी पाप है । सेक्स के अलावा शायद ही कोई विषय हो जिसमें हमारा दोहरापन नजर आया हो । हम प्यार करते हुए देखना तो चाहते हैं लेकिन प्यार करते हुए दिखना नहीं चाहते । यह कुछ अवस्थाओं में पवित्र बन जाता है जबकि अन्य परिस्थितियों में गंदा हो जाता है ।

इसमें कोई शक नहीं कि नई रचना करने के लिए मनुष्य को सेक्स की आवश्यकता है । लेकिन जानवरों की तरह, मनुष्य के लिए सेक्स सिर्फ नई रचना का साधन नहीं है । मनुष्य दिन हो या रात किसी भी समय सेक्स कर सकता है। महिलाएं भी ऐसी प्राणी नहीं है कि किसी खास समय पर ही सेक्स कर सकती हैं। बल्कि पुरूष व महिला और प्राणियों से हटकर हैं तथा सेक्स सम्बन्धों को बनाने के लिए सबसे बेहतर स्थिति में हैं ।

जन्म-नियन्त्रण दवाइयों के अविष्कार ने मनुष्यों में सेक्स को और भी अनियमित कर दिया है । नई रचना के लिए सेक्स करना उतना महत्वपूर्ण नहीं रह गया है । अब एक से ज्यादा साथियों के साथ सेक्स करना ज्यादा आसान हो गया है। बहुत से लोगों के लिए वही व्यवस्था नैतिक है जिस अपनाने में खुशी हो । अब एक कहावत आम हो गई है कि नवजात शिशु शिशुता में आनंद करता है, व्यस्क एक से अधिक साथियों के साथ सेक्स करने में आनंद लेता है । इस सेक्स का काम नई रचना करने की अपेक्षा मजे करना हो गया है ।

मनुष्यों में प्रमुख आनंद का स्रोत सेक्स है। धर्म हर तरह के आनंद को नकारता है तथा सांसरिक आनंद को दैवीय आनंद में लीन करने की व्याख्या करता है। ध र्म सिर्फ नई रचना के लिए सेक्स क्रिया करने की वकालत करता है ताकि सृष्टि का निर्माण होता रहे । लेकिन आनंद के साथ सेक्स करने पर जोर दिया गया है तथा जीवन पर्यन्त एक ही पति या पत्नी व्रत की व्याख्या की गयी है । कुछ धर्म ब्रह्मचर्य को खुलकर महिमामंडित करते हैं । आज के समय, धर्म के द्वारा बनाए गए सेक्स सम्बन्धित नियम व्यवहारिक नजर नहीं आते। अब परिस्थितियां बदल गई हैं। औसत उम्र के 30-40 वर्ष बढ़ जाने तथा गर्भधारण की उम्र 4 से 5 वर्ष घट जाने से हमारा सेक्स जीवन लम्बा हो गया है । प्राचीन समय में सेक्स करने की आयु तथा औसत आयु के बीच इतना कम समय था कि सेक्स सम्बन्धित भावना को दबाने या छिपाने पर जोर नही दिया जाता था। कुछ समाजों में तो विवाह से पहले सेक्स करना मान्य था । सेक्स से पहले विवाह करने की मनाही थी । इन सब तथ्यों से यह बात साबित होती है कि सेक्स एक आनंदपूर्ण क्रिया है । लेकिन दीर्घकालीन प्रसन्नता देने वाली क्रिया निश्चित रूप से नहीं है । क्योंकि प्रसन्नता तो हमारा स्वाभाविक गुण एवं सोच है जो पूरी तरह से हमारे ऊपर निर्भर

करती है। सेक्स के सम्बन्ध में, हमारा नजरिया दिलाने यह होना चाहिए कि यह भी अन्य आनंद एवं खुशी की तरह आनंद दिलाने वाली क्रिया है और दायरे में रहते हुए आनंद प्राप्त करना किसी भी दृष्टि से गलत नहीं है । संतुलित व्यवहार द्वारा प्राप्त आनंद संतुष्टि प्रदान करता है जबकि असंतुलित तरीके से प्राप्त आनंद हमें कठिनाई में डाल सकता है।

विभिन्न सम्बन्धों के बारे में विचार करने पर हम संक्षेप में यह कह सकते हैं कि सभी तरह के सम्बन्ध हमारे चारों ओर विभिन्न परिस्थितियों का निर्माण करते हैं तथा उनमें हम उलझे बगैर नहीं रह सकते । परिणामस्वरूप हमारा व्यक्तित्व, सोच, दृष्टिकोण प्रभावित होता है । इसलिए प्रसन्नता की स्थिति में पहुंचने के लिए संतुलन की आवश्यकता है जो कठिन अवश्य है लेकिन असंभव बिल्कुल नहीं।

संबंधों में ताजगी बनाए रखें

युवती जिसे चाहती है, उसकी लापरवाही उसे कचोटती है। जो युवक उसकी उपेक्षा नहीं करता, युवती प्रेमिका बनकर उसके जीवन में प्रवेश करती है। परवाह करने वाले प्रेमी को ही प्रेमिका जीवनसाथी के रूप में चुनती है।

युवतियां उन युवकों को नापसंद करती हैं, जिन्हें शक की बीमारी होती है। युवती की स्वच्छंदता व आजादी को ऐसे युवक बाधित करते हैं। उस पर अपनी इच्छाएं थोपते हैं। यदि युवती को मुस्कराते हुए अन्य युवक से बात करते देख लेते हैं तो उनको लगता है कि वह उनसे विश्वासघात कर रही है। जरूर यह छिप-छिपकर दूसरे युवकों से मिलती होगी।

युवती अपने चरित्र की तरफ किसी को उंगली उठाते देखना बर्दाश्त नहीं कर सकती। वह ऐसे युवक से नाता तोड़ लेती है, जो उसके आचरण को शक की निगाह से देखता है ।

युवक को चाहिए कि संबंधों की जीवंतता के लिए उस पर सदैव विश्वास रखे। युवक का कर्तव्य है कि वह पारस्परिक संबंधों को अधिक प्रगाढ़ और जीवंत बनाए रखे। दिल जीतना ही पर्याप्त नहीं है, बल्कि जरूरी यह है कि संबंधो की निरंतरता कैसे बनी रहे। इसकी प्रक्रिया बड़ी नाजुक होती है।

युवतियां संबंधो के प्रति अधिक गम्भीर और समर्पित होती हैं । युवक की इच्छाओं-अनिच्छाओं का खास ध्यान रखती हैं । ऐसा कुछ नहीं करना चाहती जिससे युवक नाराज हो जाए या संबंधों में दरार पड़ जाए ।

इसके विपरीत युवक सोचता है कि युवती का दिल जीतकर उसने मैदान मार लिया है और अब वह उसे छोड़कर कहीं नहीं जा सकती । वह संबंधों को अटूट मानकर लापरवाह हो जाता है और लापरवाही से संबंधों पर प्रतिकूल असर पड़ता है।

युवती सबंधों में ठंडापन पसंद नहीं करती। युवक का प्रयास होना चाहिए कि संबंधों में ताजगी बनाए रखे । युवती पर जाहिर करे कि उसकी दिलचस्पी उसमें बनी हुई है।

युवक की अवहेलना युवती नहीं सह सकती । उसे प्यार में कंजूसी पसंद नहीं। जिस युवक को वह चाहती है, उसका भरपूर प्यार पाने को आकुल होती है । प्यार की मात्रा से ही वह आंकती है कि उसे महत्व दिया जा रहा है या उसकी उपेक्षा हो रही है। युवती उपेक्षा नहीं अपनत्व चाहती है । युवक को चाहिए कि उसे उपेक्षा का अहसास न होने दें ।

युवक दो कारणों से युवती की उपेक्षा करता है और ये दोनों कारण घातक हैं, जिनका अंत कभी सुखद नहीं होता।

पहला कारण तो यही है कि जब तक युवती का साथ मिल नहीं जाता, युवक की दृष्टि में वह महत्वपूर्ण होती है । तब तक वह पल-पल पीड़ित और व्याकुल होता है। परंतु मित्रता प्रगाढ़ होते ही उसकी उपलब्धता युवक को उसके प्रति लापरवाह कर देती है । वह उसे चाहता है, इसका प्रमाण देने की वह जरूरत महसूस नहीं करता ।

दूसरा कारण यह है कि युवक इस तथ्य को नहीं भुला पाता कि उसका साथ पाने के लिए उसने कैसे-कैसे पापड़ बेले थे। कैसे उसके प्रत्येक नखरे को झेलता रहा, उसकी हर अदा पर बल खाता रहा। उसे यह भी याद है कि वह उसके जितना निकट जाने की कोशिश करता था, वह उतना ही दूर छिटक कर उसे तड़पाती थी। अंततगोत्वा तड़पते युवक का अहं सिर उठता है। युवक सोचता है कि इसने मुझे बहुत तड़पाया है। खूब इतराती थी, बड़े नखरे झेले हैं इसके-अब मेरी बारी है। इस प्रकार वह युवती की उपेक्षा करके अपने पापड़ बेलने का बदला चुकाता है।

इसकी बिल्कुल जरूरत नहीं। मानवीय संबंधों में युवक-युवती की मित्रता का असंदिग्ध महतव है। यदि मित्रता प्रेम में परिवर्तित होती है तो युवक-युवती के संबंध अधिक नाजुक होते हैं। प्यार सच्चा है तो युवक-युवती समस्त पर खड़े होते हैं, कोई छोटा या बड़ा नहीं होता। जहां प्यार है, बहां बदले की भावना आ ही नहीं सकती। प्यार तो इंसान को दुनियादारी से बहुत ऊपर उठा

देता है। यदि युवक बदले की भावना से ग्रसित है अथवा छोटे-बड़े की मिथ्या धारणा को मन में स्थान देता है तो वह प्यार नहीं खिलवाड़ करता है।

युवतियां देर-सवेर ऐसे युवकों की सचाई से परिचित हो जाती हैं, जो प्यार को खिलवाड़ समझते हैं। नतीजतन वे उनको अपने दिल से निकाल फेंकती हैं।

यदि युवक सचमुच प्यार करता है तो युवती को इसका अहसास स्वत: हो जाता है क्योंकि ऐसे में युवक उसकी उपेक्षा कर ही नहीं सकता ।

प्यार में नयापन और ताजगी बनी रहे, इसके लिए युवक को चाहिए कि युवती के नखरों व अदाओं पर कभी बंदिश न लगाए। वह युवती ही क्या, जिसमें नखरे व अदाएं न हों और वह प्रेमी ही क्या जो नखरे और अदाएं न सह सके। इसके अभाव में संबंधों की चमक लुप्त हो जाती है।

युवकों को अपने उत्तरदायित्व निभाने में कोताही नहीं करनी चाहिए। युवती का अंत तक यही प्रयास होता है कि संबंधों को निभाया जाए किंतु युवक की उदासीनता संबंधों में दरार डाल देती है।

समझदार युवक संबंधों पर आंच नहीं आने देता। उसने अनगिनत युवतियों में जिस युवती का चुनाव किया जाता है, उसे पाने के बाद वह उसकी उपेक्षा करने की सोच भी नहीं सकता । उसे इस बात की प्रसन्नता होती है कि जिस युवती का दिल जीतना चाहता था, उसमें कामयाब हुआ है । वह युवती उसकी दृष्टि में महत्वपूर्ण थी, तभी तो उस पर दिल आ गया । उसका सान्निध्य पाकर उसका महत्व वह कैसे कम आंक सकता है । युवती की निकटता उसे आहलादित और उत्साहित करती है।

यहां रहीम के एक दोहे का उल्लेख प्रासंगिक होगा :

रहिमन धागा प्रेम का, मत तोरो चटिकाय,
टूटे से फिर न जुरै, जुड़े तो गांठ लगि जाय।

आमतौर पर निकटता पाने की पहल युवक करता है, अत: उसका प्रयास होना चाहिए कि संबंधों में बासीपन न आए । संबंधों की ताजगी युवक पर सकारात्मक प्रभाव डालती है, उसे उत्साहित और उल्लासित करती है। युवक-युवती के संबंधों में माधुर्य बना रहा तो उनकी जिदंगी को सार्थकता मिल जाती है।

निराशा उन्हें छू तक नहीं पाती । संघर्ष करने की शक्ति विकसित होती है । कोई समस्या पैदा हो, तो दोनों मिलकर उसका समाधान करते हैं।

संबंधों की ऐसी सुखद परिणति से वही युवक वंचित होते हैं, जो युवती को उसका देय नहीं देते । युवक यदि युवती के आहलादकारी सान्निध्य से वंचित नहीं होना चाहता तो अहं से मुक्त होकर वह उसे अपने समकक्ष माने।

सम्बन्धों में प्रगाढ़ता के लिए निम्न बिन्दुओं पर गौर करें –

यदि युवक निकटता पाने के बाद आपसी संबंधों की चमक को मंद नही पड़ने देना चाहता तो उसे चाहिए कि ...

- सदैव युवती को आदर दे। उसके साथ सम्मानजनक व्यवहार करे ।
- उसे नहीं भूलना चाहिए कि युवती का महत्व अधिक है, अतः अहं को आड़े न आने दे और उसके महत्व को रेखांकित करें।
- युवती चरित्र के प्रति विशेष सजग होती है। जानती है कि उसके चरित्र पर ही निर्भर है उसका, घर वालों का तथा युवक के घर का सम्मान । अतः कोई मिथ्या उसके चरित्र को लांछित करे, तो उससे बर्दाश्त नहीं होता । युवक को युवती के चरित्र पर शक नहीं करना चाहिए ।
- युवती का दिल जीतने के लिए युवक को फिल्मी लटकों-झटकों से बचना चाहिए। फिल्मी लटके-झटके वास्तविक जीवन में नहीं चलते। युवती की भावनाओं से खिलवाड़ नहीं करने वाला युवक अपने सद्व्यवहार और संयमित आचरण से युवती का दिल जीतने में सफल होता है।
- मित्रता हो जाने के बाद युवक की दृष्टि में युवती का महत्व घटना नहीं चाहिए। इससे युवती की भावनाएं अहित होती हैं। जो युवक युवती को सम्मान और महत्व देता है, उसे प्रतिफल में उतना ही उदार, हार्दिक और समर्पित सान्निध्य प्राप्त होता है।
- युवक को यह बात गांठ बांध लेनी चाहिए कि वह युवती के प्रति कभी उदासीनता न बरते । युवती सबसे मुंह फेरकर जिस युवक को दिल ले चुकी होती है, उसके बेरुखी से वह अंदर तक टूट जाती है । यदि युवक संबंधों को बनाए रखना चाहता है तो बेरुखी या उदासीनता बरतने का प्रयास न करे।

- यह ठीक है कि जिस युवती से युवक प्यार करता है, उस पर एकमात्र अपना अधिकार मानता है किंतु इसका अर्थ यह नहीं कि उसकी आजादी पर अंकुश लगाए । युवक को युवती की स्वतंत्रता के आड़े नहीं आना चाहिए । इससे युवती को लगता है कि युवक उसे बांदी बनाकर रखना चाहता है । जबकि उसकी अपेक्षा यही होती है कि वह उसे बराबरी का दर्जा दे। प्यार की गाड़ी सुगमतापूर्वक तभी आगे बढ़ सकती है, जब दोनों पहिए एक समान हों । पहियों के आकार को छोटा-बड़ा किया गया तो प्यार की गाड़ी पटरी से उतर जाएगी और मंजिल तक नहीं पहुंच सकेगी। इसी प्रकार युवती को बांदी का दर्जा दिया गया तो वह युवक की जिदंगी से निकल जाएगी।
- युवती की अपनी दिनचर्या होती है। युवक को उसकी मजबूरियों के प्रति सहृदय होना चाहिए। यदि किसी दिन युवती शाम को तय समय पर न मिल पाने में विवशता जाहिर करे तो युवक को नाराज होने का कोई अधि कार नहीं। युवती का दिल जीतने का यह अर्थ नहीं कि युवक तानाशाह की भांति बर्ताव करने लगे।
- युवतियां 'ही-मैन' किस्म के युवक पसंद करती हैं। कई युवक इस गलतफहमी के शिकार होते हैं कि 'ही-मैन' को कठोर होना चाहिए । युवतियां कठोर 'ही-मैन' को नापसंद करती है। उनका 'ही-मैन' विनम्र, उदार और लचीली कठोरता का स्वामी होता है। युवतियां उसकी ओर बरबस आकृष्ट होती हैं।
- युवती की अपनी इच्छा-अनिच्छा होती है, इसके बावजूद वह जिस युवक को चाहती है, कोशिश करती है कि उसकी भावनाओं का आदर करे । युवक को भी युवती की भावनाओं का आदर करना चाहिए । आमतौर पर युवतियों पर युवक अपनी मर्जी थोपने का प्रयास करते हैं। ऐसे युवकों से युवतियां दूर ही रहना पसंद करती हैं।
- युवतियों को बड़बोले युवक पसंद नहीं जो युवक रोब गालिब करने की नीयत से युवतियों के सामने दूर-दूर की हांकते हैं, युवतियां पीठ पीछे उनका मजाक उड़ाती हैं। जमीन-आसमान एक करने का दावेदार युवक एक दिन जमीन सूंघता है ।

- युवकों को चाहिए कि धन-वैभव दिखाकर युवतियों को आकृष्ट न करें। यह अत्यंत निकृष्ट व्यवहार है। संस्कारवान युवतियां इस हरकत से स्वयं को अपमानित महसूस करती हैं। उन्हें लगता है कि युवक उनको ऐसी युवती समझ रहा है जो नोट देखते ही उसके गले से लग जाएगी। नोट दिखाकर युवक ऐसी संस्कारहीन युवती का सान्निध्य जरूर पा सकता है, जो उसके नोटों के बल पर ऐश करना चाहती है।
- युवक को नीयत साफ रखकर युवती का दिल जीतने का प्रयास करना चाहिए। युवक के हाव-भाव से बदनीयती नहीं झलकनी चाहिए। इससे युवती घनघोर अपमान का बोध करती है।
- यदि युवती का सच्चा प्यार युवक पाना चाहता है, भविष्य में उसे ही अपनी जीवनसंगिनी बनाना चाहता है तो उसे मर्यादाओं का उल्लंघन करना चाहिए।
- युवती जिस युवक को अपना दिल देती है, आमतौर पर उसी के साथ अपना शेष जीवन व्यतीत करना चाहती है। अतएव युवती का दिल जीतने का युवक तभी प्रयास करे, जब उससे विवाह करने का इरादा हो।
- मन बहलाव के लिए युवतियों की समीपता पाना या उनका दिल जीतने का प्रयास करना सर्वथा अनुचित है। युवतियों को जब पता चलता है कि युवक उसे मनबहलाव की वस्तु मान रहा है तो वे अपनी ही निगाहों में गिर जाती हैं। युवक को यह सच्चाई हृदयंगम कर लेनी चाहिए कि युवतियों की भावनाओं से खिलवाड़ करना निंदनीय है।
- युवक के संपर्क में आई युवती, यदि संबंधों को सिर्फ मित्रता तक ही सीमित रखना चाहती है तो युवक को उस पर दबाव नहीं डालना चाहिए कि वह उससे प्रेम-संबंध भी रखें।
- जिस युवती पर युवक का दिल आ गया है, यदि वह पहले से किसी अन्य युवक के प्रति आकृष्ट है तो उसमें दिलचस्पी नहीं लेनी चाहिए। युवतियों की कमी नहीं। हो सकता है कि कोई अन्य मोहक युवती उसमें रुचि लेती हुई दिख जाये।
- युवकों की फितरत होती है कि उनकी नजर सुंदर युवती की ओर ही उठती है, पर सुंदरता ही सब कुछ नहीं। युवती के संस्कार, शिक्षा और बौद्धिक

स्तर का भी महत्व है। युवक को ऐसी युवती की ओर मित्रता का हाथ बढ़ाना चाहिए जो सूरत से भले ही सुंदर हो अथवा न हो, किंतु सीरत जरूर अच्छी हो। ऐसी युवती के साथ सभा-सोसाइटी में जाकर युवक को शर्मिंदगी का अहसास नहीं होगा । लोग युवक की पसंद की तारीफ करेंगे। अच्छी सीरत के आगे अच्छी सूरत अधिक देर तक टिक नहीं सकती । हां, यदि किसी युवती में दोनों का संगम है तो ऐसी युवती पाकर युवक का जीवन सार्थक होता है।

- एक मुहावरा है, पहली नजर में प्यार हो जाना । इस प्रकार के प्यार से युवकों को बचना चाहिए। युवती से युवक एकाएक आकृष्ट हो जाता है तो इसका अर्थ यह नहीं कि वह युवती प्यार करने के काबिल भी हो सकती है। युवती का बैंकग्राउंड जानना जरूरी है। वह गरीब हो या अमीर, यदि उसका स्वभाव शालीन नहीं, अथवा उसमें चारित्रिक विशेषताओं का अभाव है तो भले ही वह खूबसूरत हो, उससे नाता नहीं जोड़ना चाहिए।
- एक अन्य मुहावरा है, प्यार और जंग में सब जायज है। यह धारणा मध्ययुगीन है और समसामयिक दौर में इसकी प्रासंगिकता नहीं। सभ्य समाज में प्यार के मामले में सबकुछ जायज नहीं हो सकता। जो नाजायज हरकत करता है, वह कानून की निगाह में अपराधी है।
- प्यार का मामला नाजुक होता है। इसका संबंध भावनाओं से होता है। अत: युवक को जायज ढंग से युवती का दिल जीतना चाहिए। प्यार में दम है तो युवती को युवक की होने से कोई रोक नहीं सकता। यदि युवती नाता जोड़ना नहीं चाहती तो युवक को नाजायज कदम नहीं उठाना चाहिए। युवक की हरकतों से युवती बदनाम होती है, किसी को कुछ हासिल नहीं होता।

युवक जिस युवती को चाहता है और बदले में उसका प्यार नहीं मिल सका तो वह उस युवती का अहित करने की कल्पना भी कैसे कर सकता है ? अपने प्रिय पात्र को तो प्रत्येक विपदा से बचाया जाता है, न कि खुद उस पर मुसीबतों के पहाड़ गिराए जाते हैं।

युवती यदि मुंह फेर ले तो युवक उसका विचार मन से निकाल दे।

- समझदार युवक प्यार में मात खाकर युवती का अहित करने की योजनाएं नहीं बनाता। किंतु कुछ आपराधिक प्रवृत्ति के युवक जब युवती का प्यार पाने में असमर्थ हो जाते हैं तो ईर्ष्या, क्रोध और अपमान की अग्नि में दहकने लगते हैं। सच तो यह है कि ऐसे लोग प्यार की परिभाषा ही नहीं जानते, वरना वे बलिदान की भावना से परिपूर्ण होते, न कि बदले की भावना से रात-दिन मुट्ठियां भींचते।
- सच्चा प्रेमी युवती का प्यार न पाने की स्थिति में कोई गलत कदम नहीं उठाता। ओछी मानसिकता वाला युवक सोचता है, 'वो मेरी नहीं तो किसी की नहीं।' युवती किस युवक को पसंद करती है या किसी नापसंद (इस पर उसका जोर नहीं चलता, सब कुछ दिल तय करता है। किंतु दिलजले युवक को लगता है कि मुझे न चाहकर उसने अपराध किया है, अब मैं उसका हाल करूंगा कि उसे भी कोई न चाहे।

मान लीजिए, युवती का प्यार पाने में युवक सफल होता है किंतु युवती के माता-पिता दोनों का विवाह कराने को सहनत नहीं होते तो ऐसी स्थिति में युवक क्या करें ?

- युवती को अपना संयम नहीं खोना चाहिए। वह ऐसा कुछ न करे कि युवती बदनाम हो जाए। सच्चे प्रेमी युवती के विवाह में विघ्न नहीं डालते। उसका विवाह चुपचाप होने देते हैं। सच्चे प्रेमी का यही कर्तव्य होता है।
- यदि युवक अपनी पसंदीदा युवती से विवाह करना चाहता है और युवती भी सहमत है तो दोनों को अपने माता-पिता की रजामंदी से विवाह करना चाहिए।
- कुछ युवक युवती को भगाकर ले जाते हैं। यह नितांत अशोभनीय और निदंनीय हरकत है। इससे दोनों के परिवार न सिर्फ बदनाम होते है। बल्कि उनमें शत्रुता भी पैदा हो जाती है।

  युवक-युवती को भी कम बदनामी नहीं सहन करनी पड़ती। उनका घर लौटने का रास्ता हमेशा के लिए बंद हो जाता है। ऐसे विवाह का अंत कभी सुखद नहीं होता।
- कई युवक दीवानगी की हद तक युवती से प्यार करते हैं, जबकि युवती आंख उठाकर भी नहीं देखती। इसके बावजूद युवक को लगता है कि यदि

वह युवती उसकी जिदंगी में नहीं आई तो जीना निरर्थक है। उसे पाने की कामना में युवक रात-दिन उसके घर के आगे-पीछे डोलता है और खुद को मजनू बना लेता है। यह ओछी हरकत है। एक युवती के पीछे अपने कैरियर को दांव पर लगाना कहां तक उचित है। युवक को इन हरकतों से नाता तोड़कर जिदंगी संवारनी चाहिए। जिदंगी सलामत रही तो युवक ऐसी युवती के संपर्क में आ सकता है, जो उससे आकृष्ट हो जाए।

- युवक को (और युवती को भी) प्यार की पीगों में इस कदर नहीं रमना चाहिए कि सारे कर्तव्यों को भूल जाए। समाज, परिवार और खुद को भुलाकर किया गया प्यार जिदंगी को सफल नहीं होने देता। ऐसा प्यार युवक को अकर्मण्य बनाता है।
- युवक की जिदंगी सफल नहीं हुई तो उसका प्यार भी परवान नहीं चढ़ सकता और निठल्ले युवक से युवतियां मुंह मोड़ लेती हैं।
- युवक को युवतियों का दिल जीतने के अपने प्रयासों में गोपनीयता बरतनी चाहिए। युवतियों का आते-जाते पीछा करना, रास्ते में बात करना या पत्र व्यवहार करना ठीक नहीं। क्योंकि यह सब अन्य लोगों की नजरों में आ जाता है। नतीजतन, युवतियां बदनाम होती हैं और उनका घर से निकलना बंद हो जाता है। इस प्रकार परवान चढ़ने से पूर्व ही प्रेम दम तोड़ देता है।
- युवक जिस युवती का दिल जीतना चाहता है, उसे अपने बारे में सबकुछ सच-सच बता दे। युवती को इससे खुशी होती है कि युवक उस पर विश्वास करता है और कुछ छिपाता नहीं। अपने बारे में बढ़ा-चढ़ाकर बताने का कोई लाभ नहीं, क्योंकि अंततः एक दिन झूठ खुलकर सामने आ ही जाता है। तब युवती को युवक से नफरत हो जाती है और वह उससे नाता तोड़ लेती है।
- क्रियाशील युवक युवतियों की पहली पसंद होते हैं। यदि युवक का युवती पर दिल आ गया है और वह उसका प्यार पाना चाहता है तो उसे आत्मनिरीक्षण करना चाहिए। ढीले-ढाले, सुस्त और अकर्मण्य युवक युवती के दिल में जगह पाने में असमर्थ होते हैं। क्रियाशीलता युवक के व्यक्तित्व को ऊर्जावान बनाती है। यही ऊर्जा युवती को खींचकर युवक के रूबरू खड़ा कर देती है।

युवतियों की पसंद व युवकों के लिए सैक्स टिप्स

मनोवैज्ञानिकों ने कुछ सूत्र सुझाए हैं, जिनका अनुसरण करके युवक-युवतियों के मेलजोल को सहज और निर्दोष बनाया जा सकता है।

- युवक को अपने यौन व्यवहार में परिवर्तन लाना चाहिए। यौन की उद्दाम भावना से संतप्त रहना उसे युवतियों में अलोकप्रिय बनाता है।
- युवतियां उस युवक से अधिक प्रभावित होती हैं, जो मैत्री और सेक्स को मिश्रित नहीं करते।
- युवक यदि युवती का आदर करेगा तो उसके मन में सेक्स की ललक नहीं उठेगी।
- युवक यदि यह सोचे कि जिस तरह वह किसी युवती के तन की लालसा करता है, उसी प्रकार उसके परिवार की किसी सदस्या के प्रति भी कोई युवक लालयित हो सकता है। यह सकारात्मक सोच मेलजोल को सहज और दोषरहित बना सकता है।
- जो युवक सहजता से युवतियों से मिलते-जुलते हैं, वे अपने अभूतपूर्व संयम के कारण दूसरे युवकों के लिए ईर्ष्या का विषय होते हैं।
- युवतियों से सहजतापूर्वक मेलजोल करने वाला युवक तनावहीन होता है। उसका दिमाग युवती का तन पाने के उपायों के तानों-बानों में ही नहीं उलझता। उससे युवतियां निर्भयता से मिलती हैं।
- युवतियां सम्मान को बहुत महत्व देती हैं। युवक यदि मित्रता के बहाने उनसे खिलवाड़ करने की कोशिश करता है तो वह उनकी नजरों से गिर

जाता है। युवती का प्रेरक सन्निध्य पाने के लिए युवक को सहज मैत्री तक ही सीमित रहना चाहिए।

- युवक जिस युवती से विवाह करना चाहता है, उसे विवाह पूर्व शारीरिक संबंध बनाने के लिए नहीं उकसाना चाहिए। इससे उनके प्यार में असहजता का विष घुल जाता है। युवक-युवती का एक-दूसरे के प्रति सम्मान घटता है और रिश्तों में कटुता पनपती है।
- युवक-युवती की सहज मैत्री दूसरों के लिए प्रेरणादायक होती है। ऐसे युवक-युवती को सम्मान की दृष्टि से देखा जाता है।
- शारीरिक संबंध बनाने की चाह में युवक यदि युवती से समीपता गांठता है तो वह भविष्य में पत्नी पर शक कर सकता है कि उसने भी विवाहपूर्व जरूर शारीरिक संबंध बनाया होगा।
- सहज मैत्री की स्थिति में युवक-युवतियां अधिक खुलेपन और निर्द्वदं भाव से मिलते हैं, क्योंकि वे ऐसा कुछ नहीं करते, जिसे छिपाने या गुप्त रखने की जरूरत महसूस हो।
- युवक यदि युवती की हार्दिक मैत्री तथा आह्लादित समीपता पाना चाहता है तो मन में कभी यौनोन्माद की स्थिति पैदा न होने दे।
- युवतियों को समझ लेना चाहिए, यदि युवक एक बार उन पर हावी होने पर कमायाब हो गया तो यह सिलसिला कभी समाप्त नहीं होगा।
- जो युवतियां युवकों के बहकावे में आ जाती हैं, वे बदनाम हो जाती हैं। बदनाम करने वाले वही युवक होते हैं, जिनसे वे शारीरिक संबंध स्थापित करती हैं।
- फ्लर्ट युवक युवतियों को यह सोचने पर मजबूर कर देते हैं कि सभी युवक उन जैसे ही होते हैं।

दरअसल, उन्मुक्त सेक्स का प्रचलन यौन व्यवहार की प्राकृतिक, नैसर्गिक और अलौकिक प्रक्रिया को ही छिन्न-भिन्न करता है। विवाहपूर्व उन्मुक्त सेक्स की आदत यौनक्रिया की अलौकिक अनुभूति से वंचित कर देती है। विवाहोपरांत पति-पत्नी के संबंध परिपक्व भी नहीं हो पाते कि इसके पहले ही वे शारीरिक संबंधो के प्रति उदासीन हो जाते हैं।

यदि युवक की इच्छा है कि विवाहोपरांत पत्नी के साथ उसके शारीरिक संबंध प्रगाढ़ हों तो युवतियों की निकटता का वह अनुचित लाभ न उठाए। विवाह पूर्व युवतियों से शारीरिक सम्बन्ध बनाकर युवक इस नैसर्गिक क्रिया का मशीनीकरण करता है। वह पत्नी से यों शारीरिक सम्बन्ध बनाता है, मानो ड्यूटी निभा रहा हो।

पति-पत्नी का रिश्ता बड़ा नाजुक होता है। इस रिश्ते को अधिक घनिष्ठ और गंभीर बनाने में सेक्स का विशिष्ट और व्यापक योगदान होता है। विवाह के बाद पत्नी की अपेक्षा होती है कि पति उससे टूटकर प्यार करेगा। वह प्यार में आत्मीयता, हार्दिकता और एकाग्रता चाहती है।

यदि युवक ने युवावस्था में उन्मुक्त सेक्स में अधिक सक्रियता से भाग लिया होगा तो पत्नी की अपेक्षाओं पर उसका खरा उतरना मुश्किल है। उसके लिए सेक्स का अर्थ सिर्फ शारीरिक संबंध बनाना है। इसे प्रेमपूर्वक कैसे आत्मीय और एकाग्र बनाया जा सकता है, इससे वह अनभिज्ञ होता है। पत्नी उसकी मशीनवत् क्रियाओं से ऊब जाती है और सेक्स के प्रति उदासीन हो जाती है। पति से उसका कोई मोह नहीं रह जाता।

पति-पत्नी के संबंधों में ताजगी बनी रहे, वे एक-दूसरे के प्रति आजीवन सम्मोहित रहें और उनके तालमेल में सदैव सामंजस्य बना रहे इसके लिए पति को ही महती भूमिका निभानी पड़ती है। इसके लिए बहुत जरूरी है कि युवावस्था से ही उन्मुक्त सेक्स से सप्रयास बचा जाए।

युवतियों की पसंद

युवतियों को कैसे युवक नापसंद हैं ? जब कुछ युवतियों से सर्वेक्षण के दौरान यह प्रश्न पूछा गया है तो जो उत्तर मिले, उनमें से कुछ यहां दिए जा रहे हैं -

- युवतियों को घूरकर देखनेवाले, मानो मौका पाते ही खा जाएंगे।
- सरेआम युवतियों से अधिक स्वच्छंदता से पेश आने वाले, जैसे उन्हें युवतियों से किसी भी तरह का व्यवहार करने का लाइसेंस मिला हुआ हो।
- पहली मुलाकात में युवती से मित्रता का दावा करने वाले, दूसरी मुलाकात

में प्यार हो जाने का विश्वास दिलाने वाले और तीसरी मुलाकात में शादी का ऑफर देने वाले।

- अकेले में मौका पाते ही युवतियों के अंगस्पर्श की कोशिश करने वाले।
- दिशाहीन, उद्देश्यहीन और पढ़ाई व कैरियर की ओर से उदासीन युवक।
- युवतियों से अपनी दोस्ती के ऊलजलूल किस्से सुनाने वाले, जो यह सिद्ध करना चाहते हैं कि उसके जैसा 'ही-मैन' दूसरा कोई नहीं।
- लंबी-लंबी डींगें हांककर युवतियों को प्रभावित करने वाले।
- युवतियों की मौजूदगी में द्विअर्थी संवाद और अश्लील चुटकुले सुनाने वाले।
- टाइम पास करने के लिए युवतियों से दोस्ती गांठने वाले।
- युवतियों से संबंध हो अथवा न हो, फिर भी उनके बारे में अफवाहें फैलाने वाले।
- युवतियों को देखकर सीटी बजाने, आंख मारने और इशारों से पास आने का इसारा करने वाले युवकों से युवतियां नफरत करती हैं, क्योंकि इन हरकतों से सीधो उनके सम्मान पर आघात पहुंचता है।
- भड़कीली पोशाक व 'गॉगल्स' धारण कर ओवरस्मार्ट बनने की कोशिश करने वाले।
- घमंडी, अहंकारी और नकचढ़ेयुवक, जो जानबूझकर युवतियों की अवहेलना करते हैं।
- वह दीवानगी की हद तक उसे चाहता है और इसे जताने के लिए बार-बार ठंडी आहें भरने वाले।
- फूहड़ता से हंसने, बोलने और कमेंट्स करने वाले।
- पहली-दूसरी मुलाकात में ही युवती से बेबाकी से पेश आने की कोशिश करने वाले।
- युवती के प्रति वासनात्मक दृष्टि रखने वाले।
- युवतियों को युवकों की तुलना में कमतर आंकने वाले।
- बिना जान-पहचान के ही युवतियों से संबंध गांठने की कोशिश करने वाले।

- युवतियों के घरों में पत्र लिखकर या फोन द्वारा प्रेम का इजहार करने वाले।
- नोटों की झलक दिखाकर युवतियों से दोस्ती गांठने को आतुर होने वाले।
- उच्छृंखल, मूर्ख, असभ्य, अशलीन, असंस्कारी, झूठे, मक्कार और ध ोखेबाज।
- हाजिरजवाबी में अकुशल, सामान्य ज्ञान में शून्य और सामयिक घटनाओं से अनभिज्ञ युवक।
- गलत बात को कुतर्क से सही सिद्ध करने की नाकाम कोशिश करने वाले।
- अकर्मण्य, अस्फूर्त और अस्थिर मनोवृत्ति वाले।
- दुत्कारे जाने के बावजूद युवती से चिपके रहने की जिद करने वाले।

आमतौर पर युवतियों को इस तरह के युवकों में दिलचस्पी नहीं होती, जबकि इन युवकों को युवती की दिलचस्पी या गैरदिलचस्पी की परवाह नहीं होती। वे युवतियों के नजदीक बने रहते हैं और अवहेलित होते रहते हैं। वे इस भ्रामक व्यामोह से ग्रस्त होते हैं कि शायद युवतियों का दिल जीतने में सफल हो जाएं।

ऐसे लोग जीवन को गैर जिम्मेदाराना ढंग से जीते हैं और हर क्षेत्र में नाकाम होते हैं। न शिक्षा में कोई उल्लेखनीय सफलता अर्जित करते हैं और न कैरियर को शिखर तक पहुंचा पाते हैं।

युवतियां उन युवकों को सिर-आंखो पर बिठाती हैं, जो जीवन के प्रति गंभीर होते हैं और युवतियों को लाइटली (हल्के ढंग) नहीं लेतें। युवतियों को उनकी आंखों में सहज भाव नजर आता है, किसी प्रकार की हवस या लालसा नहीं। उनसे युवतियां सेक्स व युवक-युवतियों से संबंधित विषयों पर बहस करने में नहीं हिचकतीं। ऐसी स्थिति में युवक विषय के सैंद्धातिक और वैज्ञानिक पक्ष से जरा भी नहीं सरकते, न ही मौके का फायदा उठाकर युवतियों से फ्लर्ट करने की कोशिश ही करते हैं।

युवक यदि युवती का सुखद, उत्साहवर्द्धक और प्रेरणादायक सान्निध्य पाने का इच्छुक है तो उसकी मौजूदगी की अवहेलना न करे। युवती को अच्छा लगता है कि उसे अहमियत दी जा रही है।

आत्मविश्वास बढ़ाएं, परिवार खुशहाल बनाएं

आत्मविकास के अभाव में आदमी, आदमी कम भेड़िया ज्यादा है । -प्लैटस

मनोविज्ञान की भारतीय पद्धति को आत्मकेन्द्रित पद्धति के रूप में निरूपित किया जाता है, जबकि सच्चाई एकदम उल्टी हैं। वास्तविकता यह है कि उलझनों के भँवर से निकलने से लेकर बौद्धिक विकास तक की तमाम प्रक्रिया भीतरी संवर्धन से होकर गुजरती है । उदाहरण के लिए पश्चिम का मनोविश्लेषण अथवा मनः चिकित्सा भी रोगी की अंतदृष्टि के विकास पर ही जोर देते हैं। वस्तुस्थिति यह है कि रोग का निदान, उसके कारणों का मापन एवं परीक्षण, मनोविज्ञान की पश्चिमी पद्धति सफलतापूर्वक कर पाती है। किसी सीमा तक रोग के लक्षणों का नियमन भी यह पद्धति तात्कालिक तौर पर कारगर ढंग से करती है । परन्तु असली समस्या तो स्वास्थ्य के अर्जन की आती है । इस मामले में मनोविज्ञान से न केवल स्वास्थ्य का अर्जन किया जा सकता है बल्कि बौद्धिक विकास भी संभव हो पाता है ।

कहना चाहिए कि मनोविज्ञान की भारतीय प्रक्रिया से होकर गुजरा व्यक्ति ही सही अर्थों में सामाजिक होता है । कृष्ण को क्या आत्मक्रेन्द्रित कहा जा सकता है ? महावीर स्वामी को क्या स्वार्थी समझा जा सकता है ? गौतमबुद्ध के समस्त मानव कल्याण के प्रयासों को क्या असामाजिक संज्ञा दी जा सकती है ? नहीं न । उलझनों के भँवर से निकलकर जैव-रसायन ऊर्जा के मानसिक ऊर्जा के रूप में परिवर्तन तक की तमाम प्रक्रियाएँ शारीरिक और मानसिक ध रातल पर चेतना को जड़त्व से अलग करने के पयासों से जुड़ी है ।

ये प्रयास काल्पनिक उठा-पटक नहीं है, बल्कि संसार, जीवन और दोनों की घटनाओं को समग्र रूप से अनुभूतियों के स्तर पर जीने के प्रयास हैं। कहना

चाहिए कि ये प्रयास व्यवहार में संशोधन से प्रारम्भ हाकर, अनुभव की प्रक्रिया से गुजरकर सत्य को यानी चेतना को अनुभूति के स्तर पर जड़त्व से अलग होते देखने के प्रयास हैं ।

लेकिन उलझनों के भँवर में व्यक्ति सत्य को कहां देखता है । वह सत्य पर छाए जड़त्व से उपजे राग, द्वेष और मूर्च्छा को भोगता रहता है जबकि आत्मविकास के पथ का राही परम सत्य को पाना चाहता है। यह किसी आसमानी ईश्वर को पाने की फैंटेसी नहीं है। यह मरने के बाद किसी काल्पनिक स्वर्ग में जाने की तैयारी भी नहीं है । बल्कि यह तो इसी जीवन में यहीं पर उलझनों के भँवर से निकलकर अपना बौद्धिक विकास करके समाज की उपयोगी इकाई बनने की प्रक्रिया है । मोटे तौर पर हम इसको समाजीकरण की भारतीय पद्धति कह सकते हैं ।

इस समाजीकरण की पहली सीढ़ी है - हमारे बाहर का शुद्धिकरण । अर्थात् आत्मविकास की पहली शर्त है कि हम ऐसा कोई काम न करें जो समाज की शांति को भंग करता हो । एक मनौवैज्ञानिक मान्यता के अनुसार हमारे सभी व्यवहार अंत: जैविक आवश्यकताओं पर आकर समाप्त हो जाते हैं या जीवन की जटिलताओं की मौजूदगी में हमारे सभी व्यवहार जाने-अनजाने जैविक आवश्यकताओं से संचालित होते हैं । जटिलताएँ जैसे-जैसे बढ़ती जाती हैं वैसे-वैसे ही उद्देश्य को पाने के रास्ते लम्बे, टेढ़े-मेढ़े घुमावदार और उलझनपूर्ण होते जाते हैं । ऐसे में बौद्धिक क्षमताओं और विवेक की मांग बहुत बढ़ जाती है । लेकिन मनोवैज्ञानिक अध्ययन यह बताते हैं कि अधिकांश व्यक्तियों के पास सामान्य स्तर की बुद्धि होती है, जिसकी मदद से वे केवल जीवनयापन भर ही कर पाते हैं । कुछ व्यक्ति मानसिक रूप से पिछड़े हुए होते हैं जो जिंदा रहने के लिए दूसरों पर निर्भर रहते हैं । कुछ व्यक्तियों को बुद्धि थोक में मिल जाती है । ये आत्मविश्वास की स्थिति में भी होते हैं और दूसरों का शोषण करने में भी सफल होते हैं । रहा उलझनों के भँवर का प्रश्न तो उसमें सभी हाथ -पैर मार रहे हैं ।

भारतीय मनीषा ने उपर्युक्त सभी के लिए आत्मविश्वास का द्वार खोला है ।

सुविधा के लिए कह सकते हैं कि सामान्य बुद्धिवालों के लिए कर्मयोग, मंद बुद्धिवालों के लिए भक्तियोग, तीव्र बुद्धिवालों के लिए ज्ञानयोग ये तीनों ही अंततः शारीरिक स्तर पर जैव रसायनों का शोधन करके बुद्धि का विकास करते हुए हमारे विवेक को सुदृढ़ करते हैं । मोटे तौर पर, संसार के सभी व्यवसायों को तीन श्रेणियों में बाँटा जा सकता है- निम्न तकनीक वाले काम, माध्यम तकनीक वाले काम और उच्च तकनीक वाले काम ।

हालाँकि विकास की गति को देखते हुए इस प्रकार का विभाजन तर्क की दृष्टि से उचित नहीं है लेकिन व्यवहार में देखा जाता है कि कल तक जिन कामों को उच्च तकनीकी श्रेणी में रखा जाता था और जिन्हें तीव्र बुद्धि के लोग करते थे, आज वे निम्न तकनीकों की श्रेणी में गिने जाते हैं और सही प्रशिक्षण पाए सामान्य बुद्धि के व्यक्ति भी उन्हें भली-भांति कर लेते हैं । वास्तव में भक्तियोग अर्थात् मन लगाकर काम करना निम्न तकनीक वाले कामों के लिए जरूरी हैं । कर्मयोग अर्थात विकारमुक्त मन से काम करना मध्यम तकनीक वाले कामों के लिए आवश्यक है । ज्ञानयोग यानी बुद्धि को विवेक से संचालित करते हुए काम करना उच्च तकनीक वाले कामों की मूलभूत आवश्यकता है । इस सबका तात्पर्य यह हुआ कि प्रशिक्षण और विकास की सामग्री इस प्रकार दी जानी चाहिए ।

कर्मयोग, भक्तियोग अथवा ज्ञानयोग के लिए हमारे सामाजिक व्यवहार की शुद्धि आवश्यक है, अन्यथा उलझनों के भँवर में फँसे हम लोग दुख के अभाव को ही आनन्द मानकर उसे स्थाई बनाने के प्रयासों में लग सकते हैं । इस थोथे स्थायित्व के साधन हैं हमारे आचरण, जैसे-हिंसा, झूठ, चोरी, परस्त्रीगमन और मद्यपान। थोथा स्थायित्व इन अर्थों में हानिप्रद हैं एक-सब कुछ अनित्य है, परिवर्तनशील है। दो-समाज की शांति को भंग करता है । तीन-अंततः इस प्रकार के आचरण हमें भँवर के केन्द्र की ओर धकेलते हैं। चार-बौद्धिक विकास की सभी संभावनाऐं समाप्त हो जाती हैं और हम सामाजिक प्राणी ही बनकर रह जाते हैं ।

संतुलन व ध्यान से सफलता

संतुलन में ही सुन्दरता हैं। प्रकृति ने हमारे शरीर को कितना संतुलित आकार दिया है। हमारे दो हाथ हैं, दोनों तरफसे एक समान लंबाई के लिए हुए हैं इसी तरह एक सामन दो टांगें हैं। हमारी दोनों आंखें एक समान हैं तथा इसी तरह हमारे दोनों कान। हमारी नाक हमारे चेहरे के बीचों बीच दी गई है ठीक इसी प्रकार मेरूदंड धड़ के बीच दिया है। कितनी संतुलित कारीगरी है।

क्या हम अपने व्यवहार एवं सोच में इस तरह का संतुलन पैदा कर सकते हैं ? हो सकता है एकदम वैसा ही संतुलन कायम न कर सकें। ? लेकिन कोशिश तो अवश्य की जा सकती है। अतिश्योक्ति पूर्ण स्थिति से बचा तो जा ही सकता है। जीवन को साईकिल के समान चलाया जा सकता है। जैसे गंतव्य स्थान पर पहुंचने के लिए, संतुलन बनाए रखते हुए, सही दिशा में पैंडल चलाने की जरूरत होती है।

आपने अवश्य महसूस किया होगा कि किसी भी कार्य में खाने, पीने, सोने, सेक्स आदि–असंतुलन हो जाने पर हमें विपरीत प्रभाव देखने को मिलते हैं। जैसे यदि शरीर के तापमान से कम या ज्यादा तापमान की वस्तु खाने–पीन से बीमार होने का खतरा बन जाता है। इसलिए यह आवश्यक है कि जीवन में हर अवस्था में संतुलन बनाए रखा जाए।

सारी परिस्थितियों को ध्यान में रखते हुए, आपको अपने लिए बेहतर संतुलन अवश्य ढूंढना होगा। जिस तरह आप अपनी कार के पहिए की बैलेंसिंग के लिए जाते हो उसी तरह अपने मस्तिष्क की जांच करके संतुलन कायम करना होगा। असंतुलन करने वाले तत्वों की पहचान करके संतुलित करने की दिशा में कदम उठाने होगें। हर परिस्थिति में आपको बीच का रास्ता अपनाना होगा ताकि बेहतर समायोजन किया जा सके।

निश्चित तथ्यों को समझना तथा उनका इस्तेमान संतुलन बनाने में उपयोगी साबित हो सकता है उदाहरण के लिए, आनंद एक सीमा तक आदंददायक होता है। वह सीमा से पार ही विपरीत प्रभाव दिखाने लगता है। इसी तरह नमक का स्वाद तभी तक स्वादिष्ट लगता है जब तक वह असंतुलित मात्रा में होते ही वह अरूचिकर हो जाता है।

इस बात से कोई इन्कार नहीं कर सकता कि जीवन के प्रति सबसे बेहतर नजरिया है संतुलन को अपनाना। अगर हम कोशिश करके संतुलन को अपने जीवन में अपना लें तो मानवीय व्यवहार की ऐसी कोई समस्या नहीं है जिसका सामना न किया जा सके या जिसका आसानी से समाधान न निकाला जा सके। लेकिन संतुलन बनाए रखना एवं उसको प्राप्त करना कोई इतना आसान कार्य नहीं हैं। उदाहरण के लिए, समायोजन एवं बदलाव से संबंधित संतुलन। क्या किसी को परिस्थितियों के अनुसार अपने को ढाल लेना चाहिए या परिस्थितियों को बदलने की कोशिश करनी चाहिए ? ये दानों पहलू हर समय साथ-साथ चलते हैं। यह आवश्यक होगा कि दोनों में संतुलन बनाकर रखा जाए। यानि जहां बिना चले काम न चले अपने की परिस्थिति के अनुसार ढाल लेना चाहिए। जहां परिस्थितियों को बदलने की जरूरत हो, कोशिश करनी चाहिए या देखना चाहिए कि दोनों पहलू एक साथ अपनाने की जरूरत है तो अवश्य ऐसा करना चाहिए क्योंकि हर स्थित की एक सीमा होती हैं। न तो पूरी तरह अपने का ढाला जा सकता है न ही स्थिति को बदला जा सकता है। कुछ सरलता का सिद्धान्त अपनाते हैं। जो उन्हें सरल लगता है वही करते हैं या तो बदलाव करने का प्रयत्न करते है या समायोजन कर लेते हैं। इसके लिए कोई निश्चित नियम नहीं हैं। हर मनुष्य अपनी सुविधानुसार निर्णय लेता है। मेरे ख्याल से सबसे पहले परिस्थितियों की सत्यता को स्वीकारना चाहिए। मतलब है कि शुरूआती दौर में अपने आप को ढालना हैं। बाद में, आंकलन करके कुछ परिस्थितियों में परिवर्तन किया जा सकता है। इस प्रकार आपका शुरूआती समायोजन अंतिम नहीं होता। यहां आप परिस्थितियों के अनुसार कार्य करने वाले हो जाते हैं। यही संतुलन की अवस्था होती है जहां न तो आप निष्क्रिय होते हैं। वही न ही सक्रिय होते हैं। तो वस्तुः स्थिति को नजरंदाज करते हैं न ही अति जोश में कार्य

करते हैं। संतुलन को अपनाते हुए आपको एक बात अवश्य ध्यान में रखनी होगी कि घटना महत्वहीन अर्थ रखता है न कि भावनाएं। लेकिन घटना के महत्व के बारे में निर्णय लेना भी अपने आप में संतुलन का प्रश्न है।

संतुलन का अन्य महत्वपूर्ण क्षेत्र आंतरिक संसार तथा बाहरी संसार में संतुलन बनाना। कितना समय बाहरी संसार में लगाना चाहिए ? लेकिन आमतौर पर हमारी प्रवृत्ति पूर्ण रूप से या तो आंतरिक संसार में रमने की होती है या बाहरी संसार में। इसलिए इस क्षेत्र में ध्यानपूर्वक संतुलन बनाने की आवश्यकता है। इसी तरह संतुलन अन्य क्षेत्रों में बनाए रखने की जरूरत है।

इसलिए हर समय अपने आप पर नजर रखें। एक दक्ष चालक को यह पता होना चाहिए कि उसके वाहन के पहियों में कब-कब संतुलन की आवश्यकता है। इसी तरह आपका स्वयं के प्रति ज्ञान आपको यह बताएगा कि जीवन के किन क्षेत्रों एवं व्यवहार में संतुलन की आवश्यकता है। असंतुलन की चेतावनी को पहले से समझने की कला सीखें ताकि तुरंत उपाय किया जा सके। जीवन में अधिकतम संतुलन बनाए रखने की कोशिश करें। संतुलन में ही भाई-चारा है, संतुलन में ही प्रसन्नता है। जीवन की राह को संतुलित बनाएं।

ध्यान

मस्तिष्क के सभी व्यायामों में ध्यान सबसे प्रचलित एवं महत्वपूर्ण अभ्यास है। प्राचीन भारत में ऋषि मुनि ध्यान-उपासना के लिए जंगल में बैठकर अभ्यास करते थे। इस कार्य के लिए विशेष स्थानों का इंतजाम किया जाता था। जिन्हें तपोवन कहते थे। ध्यान को प्रचलित करने तथा नियमों को ढालने का श्रेय पतंजलि एवं गौतमबुद्ध को जाता है। अब ध्यान केवल कुछ लोगों के अभ्यास की चीज नहीं रहा। बल्कि इसका बड़े स्तर पर प्रयोग किया जाने लगा है। अब तो मेडिकल साइंस ने भी उपचार के लिए ध्यान के महत्व को स्वीकारा है।

ध्यान क्या है ?

ध्यान संस्कृत का शब्द है तथा 'राजयोग' का भाग है जिसे 'पतंजलि' ने प्रतिपादित किया है।

ध्यान के लिए महात्मा बुद्ध ने पाली शब्द 'भावना' का प्रयोग किया, जिसका शाब्दिक अर्थ है 'दिमागी विकास' तथा जिसे अंग्रेजी में 'मेडिटेशन' कहते हैं। हिन्दू शास्त्रों में ध्यान को 'तुरिया' भी कहा गया है। जब आप गहन समाधि की अवस्था में चले जाते हैं फिर भी जागरूक अवस्था में रहते हैं वह अवस्था ही ध्यान की अवस्था कहलाती है। आजकल 'ध्यान' को बड़े साधारण तौर पर लिया जा रहा है। दिमागी विश्राम, दिवास्वपन, स्वतंत्र संबंध एवं आत्म सम्मोहन की अवस्थाओं को भी इन दिनों ध्यान कहा जाता है। इन्द्रिय ध्यान एकाग्रता पर जोर देता है जबकि ओशो का ध्यान विश्राम पर जोर देता है।

यह एक भ्रांत धारणा बनी हुई है कि 'ध्यान' का अर्थ है किसी विशेष स्थिति में बैठना, विशेष तरीके से श्वास प्रक्रिया अपनाना। लेकिन यह सत्य नहीं है। हम चलते हुए, खरीददारी करते हुए या खाना बनाते हुए भी 'ध्यान' लगा सकते हैं।

ध्यान का यह अर्थ बिल्कुल नहीं है कि संसार को छोड़कर भाग जाएं। बल्कि इसके विपरीत, इसका मतलब अपने आप को नजदीक से देखना। फिर सकारात्मक सोच बनाने के लिए कार्य करना। ध्यान का अर्थ है मानसिक स्थिति को शांत एवं नियंत्रित करना।

ध्यान की तकनीक

ध्यान की तकनीक एक दिमागी व्यायाम है जिसका अभ्यास किया जा सकता एवं सीखा जा सकता है। यह ध्यान का संवर्धन करने के लिए उपयोगी है, लेकिन यह अपने आप में ध्यान की अवस्था नहीं है। हर तरह ध्यान की तकनीक 'ध्यान' के लिए अनिवार्य नहीं हैं। लेकिन तकनीक का ज्ञान तथा उसका लगातार अभ्यास बहुत उपयोगी होता है। जिस तरह शारीरिक व्यायाम से शारीरिक बनावट बनाए रखी जाती है। हम जानते हैं कि सिर्फ शारीरिक व्यायाम ही अच्छे स्वास्थ्य के लिए जरूर नहीं है। इसके लिए अन्य तत्व-संतुलित भोजन, साफ पानी, साफ-सफाई आदि भी जरूरी हैं। ये व्यायाम व्यक्ति के विकास के लिए अनुमोदित हैं।

दुनिया भर में ध्यान की हजारों तकनीकें निर्दिष्ट की गई हैं। महात्मा बुद्ध ने नकारात्मक भावनाओं को नियंत्रित करने के लिए 84,000 तकनीकों के

प्रयोग पर बल दिया है। इसके अलावा बौद्ध धर्म में असंख्य ध्यान विधियां प्रचलन में है। इन सभी विधियों को दो समूहों में इकट्ठा किया जा सकता है – स्थिर ध्यान तकनीक एवं विश्लेषक ध्यान तकनीक।

स्थिर ध्यान तकनीक को एकाग्रता के विकास के लिए प्रयोग किया जाता है। इस तकनीक में, किसी एक वस्तु या बिन्दु पर बिना रूकावट के ध्यान एकाग्र किया जाता है। यह बिन्दु श्वास का आना एवं जाना भी हो सकता है।

विश्लेषक ध्यान तकनीक, एक व्यापक अध्ययन तकनीक है। इस तकनीक के अभ्यास के अंतर्गत अपने व्यवहार, अपने विचारों, सोच एवं दृष्टिकोण पर दृष्टि रखी जाती है। फिर धीरे-धीरे आप नकारात्मक विचारों के स्थान पर सकारात्मक विचारों एवं प्रसन्नता का संवर्धन करते हैं। स्थिर एवं विश्लेषक ध्यान तकनीक एक दूसरे के पूरक हैं तथा कई बार इकट्ठे ही इनका अभ्यास किया जाता है। विश्लेषक प्रक्रिया एकाग्रता को मजबूत बनाती है तथा यह मजबूत एकाग्रता अंत:करण में झांकने में सहायक होती है। इस प्रकार, स्थिर एवं विश्लेषण ध्यान तकनीक का सामंजस्य अत्यंत आवश्यक है। इस सामंजस्य का अपने स्वभाव के हिसाब से इस्तेमाल करते हुए आप अपनी किसी खास समस्या के निदान में उपयोग कर सकते हैं।

आपकी मानसिक स्थिति एवं शारीरिक मुद्रा में नजदीकी संबंध है। आपकी शारीरिक भाषा तथा मन: स्थिति एक दूसरे पर आश्रित हैं। लेकिन स्थिर मुद्रा, जैसा कि कुछ गुरु जोर देते हैं, वह भी आवश्यक नहीं है।

कई बार साधक विभिन्न असाधारण अनुभवों के बारे में बताते हैं–प्रकाश का नजर आना, दिव्य दर्शन होना, असाधारण ध्वनि सुनना आदि। ये सभी तथाकथित अनुभव केवल मस्तिष्क की प्रतिक्रिया है। जो नए वातावरण में सामंजस्य बैठाने की कोशिश करता है लेकिन इनका कोई महत्व नहीं है जिस पर ध्यान देने की जरूरत नहीं है।

एकाग्रता के दौरान साधक या तो श्वास पर या किसी बिन्दु पर या मन्त्र जाप पर ध्यान केद्रिंत करने की कोशिश करते हैं। मेरे विचार में इस अभ्यास का सीमित लाभ है। इससे न तो व्याकुलता दूर होती है और न ही अहम् दूर होता है तथा इंद्रिय अनुभव भी आधारहीन रहता है।

किसी को ध्यान की तकनीक को अनुष्ठान में परिवर्तित नहीं करना चाहिए। क्योंकि ध्यान का उद्देश्य परमात्मा को प्राप्त करना नहीं है बल्कि अपने व्यवहार एवं मानसिक स्थिति को नियंत्रित करना है। ध्यान तकनीक का उद्देश्य है ध्यान लगाना सीखना ताकि आत्म मंथन किया जा सके। प्रसन्नता की राह आपके परिपक्व में निहित है ना कि किसी में दक्षता हासिल करने में। आप प्रसन्न रहेंगे तो परिवार भी प्रसन्न रहेगा।

आंतरिक शत्रु क्रोध से बचें

मन में उत्पन्न होने वाली भावनाओं में क्रोध सबसे ज्यादा नकारात्मक भावना है। यह हमारा आंतरिक शत्रु है। दलाई लामा कहते हैं कि साधारण शत्रु हमें नष्ट करने में 24 घंटे अपना समय नहीं लगा सकता क्योंकि उसको अन्य काम भी करने होते हैं जैसे सोना, खाना, पीना आदि लेकिन क्रोध के पास हमें नष्ट करने के अलावा और कोई काम नहीं है तथा यह इतना खतरनाक शत्रु है कि इसका असर तुरंत नजर आता है। अगर यह दीर्घकाल तक जकड़े रखे तो मनुष्य की जिंदगी नरक बना देता है।

क्रोध आपके दिमाग की उपस्थिति के साथ-साथ शांति भी नष्ट करता है। यह दिमागी शून्य उत्पन्न करते हुए आपको अस्थाई रूप से पागलपन तक के कगार पर ला देता है। क्रोध के दुःखद परिणाम विभिन्न रूपों में नजर आते हैं जैसे -तनाव, अनिद्रा, आंत्रशोथ, अल्सर, दमा, सेक्स अनिच्छा, भूख न लगना, हृदय धड़कन का तेज होना, दुर्घटना की संभावना अधिक होना आदि। यह स्थिति लम्बे समय तक रहे तो आपके पतन की संभावना प्रबल हो जाती है। अगर आपने इस पर काबू नहीं पाया तो यह आपको जलाकर राख कर देगा।

आखिर इस क्रोध का करण क्या है ? मनोवैज्ञानिक इस विषय में कहते हैं कि अक्सर ऐसी परिस्थितियों का निर्माण हो जाता है जिन्हें हम पसंद नहीं करते परिणामस्वरूप क्रोध के कारण अपने आप उत्पन्न हो जाते हैं। क्रोध उत्पन्न करने वाली परिस्थितियों में अधीनस्थों का अनुशासनहीन होना, बच्चों का आज्ञाकारी न होना, अधिकारी द्वारा डांट देना, किसी के द्वारा दुर्व्यवहार, नौकर का छूट्टी पर चले जाना, ट्रैफिक जाम में फंस जाना या बस या ट्रेन की लम्बी प्रतीक्षा आदि शामिल हैं। ऐसी अनगिनत घटना हो सकती हैं जिन्हें हम

नहीं चाहते। लेकिन इन घटनाओं में आपको आगबबूला करने की सामर्थ्य होती हैं। मैं जिन परिस्थितियों का जिक्र किया गया है वह आपके गुस्से को ओर भड़का तो सकती हैं लेकिन गुस्से का कारण नहीं हो सकती हैं। आपके क्रोध का कारण आपका बचपना है। यह आपके व्यक्तित्व का गुण है।

इसमें जरा भी सच्चाई नहीं है कि मनुष्य की प्रकृति हिंसा प्रधान है। बल्कि मनुष्य आपसी सहयोग करने वाला जानवर है। विकसित संसार मनुष्य की सहयोगी प्रकृति का परिणाम है न कि हिंसक प्रवृत्ति का। यह ठीक है कि समाज में हिंसा भी होती है जिसका सभ्य समाज में कोई स्थान नहीं है लेकिन ये अल्पकालिक घटनाएं हैं। मुख्य तौर पर, मनुष्य शांति से रहना चाहता है, सहयोग पूर्ण माहोल में रहना चाहता हैं। युद्ध एवं हिंसा उसकी कभी भी मुख्य चाहत नहीं रही। क्रोध के जो भी कारण बताए गए हैं वे हमारे मनोविज्ञान से संबंधित हैं जो हर चीज में नकारात्मक पहलू देखता है। अगर हम यह मान भी लें कि हिंसा हमारी प्रकृति का परिणाम है फिर तो उसे रोक जाने की जरूरत है और अगर हम यह मान लें कि हिंसा मनुष्य का आंतरिक गुण है फिर तो हमें इस विषय पर और अधिक चर्चा करने की जरूरत ही नहीं।

क्रोध एक सीखा हुआ व्यवहार है। शिशु क्रोध के साथ पैदा नहीं होते। अनियंत्रित क्रोध गंभीर मनोवैज्ञानिक समस्याएं पैदा कर सकता हैं कई बार मनुष्य क्रोध इसलिए दिखाता रहता है क्योंकि ऐसा करने से उसे रोब गांठने में संतुष्टि मिती है। विभिन्न मानवीय गुण-शर्म, भय, मन की चोट, अपराध भावना, असहायपन, परित्याग आदि का सामना करने की बजाए वह क्रोध की सहायता से दूसरों पर नियंत्रण करने, धौंस जमाने, भयभीत करने की कोशिश करता है। नैन्सी ओ कोनर के अनुसार, ''इन हथकंडों को अपनाकर वह उन चीजों से वंचित हो जाता है जिन्हें वह सबसे ज्यादा चाहता है। दुर्भाग्य से ऐसा मनुष्य इस समस्या से छुटकारा पाने का उपाय नहीं करता क्योंकि वह समझता है कि हमेशा दूसरे उसके साथ गलत करते हैं। वह अपने व्यवहार को कभी गलत नहीं मानता है। ऐसे व्यक्ति में बदलाव की संभावना न के बराबर होती है।

क्या क्रोध सकारात्मक हो जाता है ? कुछ विद्वान ऐसा मत रखते हैं। दलाई लामा कहते हैं, एक तरह का क्रोध सकारात्मक हो सकता है। जब क्रोध कुछ सकारात्मक कर दिखाने के लिए प्रेरित हो, जिसमें जुनून हो, ऐसा क्रोध

सकारात्मक होता है। जो क्रोध दूसरों के उपकार के लिए उठा हो, समाज में बदलाव के लिए उठा हो, वह प्रेरणादायक कारक साबित हो सकता है। क्योंकि कुछ कार्यों के लिए एक विशेष प्रकार की ऊर्जा की आवश्यकता होती है जो किसी व्यक्ति को तुरंत निर्णय लेने एवं कार्य को अंजाम देने के लिए प्रोत्साहित करती है।

संदीपनी साधनालय, मुंबई के आचार्य स्वामी चिदानन्द अपने उपदेश के दौरान पावन क्रोध की बात करते हैं। वे कहते हैं कि क्रोध अगर धर्म से प्रेरित हो तो पवित्र हो सकता है। ऐसी स्थिति में ऊपर से क्रोधित तो नजर आते हैं, वास्तव में होते नहीं हैं। उन्होंने हमें बताया कि कभी स्वामी चिन्मयानंद भी क्रोध में नजर आते थे। जब उनसे क्रोध का कारण पूछा जाता था तो वे कहते थे कि वह क्रोध में नहीं थे लेकिन उन्होंने दूसरों की भलाई के लिए क्रोध का नाटक किया था।

मेरे विचार में क्रोध कभी भी सकारात्मक नहीं हो सकता। जिस क्षण मनुष्य क्रोध में आता है वह अपने सोचने-समझने की शक्ति खो देता है। ऐसी स्थिति में आवेश में आकर गलत कार्य एवं निर्णय लेने की संभावना बढ़ जाती है। इस प्रकार क्रोध परिस्थिति को बद से बदतर बना देता है, वातावरण खराब कर देता है तथा किसी की भी सहायता करने के बजाए उसके लिए पीड़ा एवं दर्द उत्पन्न कर देता है। क्रोध का हथकंडा अपनाकर अपना कार्य सिद्ध करना किसी भी परिस्थिति में स्वीकार्य नहीं हो सकता। आप यह नाटक करके कि हम तो वास्तव में गुस्सा दिखा रहे थे लेकिन थे नहीं आप ऐसा कहकर क्रोध के हानिकारक प्रभाव से बच सकते हो लेकिन क्या गारंटी है कि आपके व्यवहार से खुशनुमा वातावरण नहीं होगा। आप कैसे विश्वास से कह सकते हो कि आपको गुस्से का नाटक दूसरों को क्रोधित नहीं कर देगा। भारत सरकार की नौकरी के दौरान एक बार मेरा सीनियर बिना किसी कारण के मेरे ऊपर गुस्सा हो गया। एक-दो दिन तक जब उसने मुझे नाखुश देखा तथा व्यवहार में बदलावा देखा तो वह समझ गया कि कारण क्या है तथा उसने अपने व्यवहार के लिए खेद जातया। साथ ही उसने यह भी कहा कि मेरे गुस्से का अभिप्राय यह नहीं था। मैं तो केवल प्रकट कर रहा था। तब मैंने अपने सीनियर से कहा कि आप अपने सीनियर से इस तरह कितनी बार गुस्सा हुए हो ? इस घटना के बाद वह मेरे प्रति सावधान

रहने लगा। इस प्रकार कहने का उद्देश्य यह है कि क्रोध करने का कोई औचित्य नहीं हो सकता। किसी भी परिस्थिति में क्रोध सकारात्मक नहीं हो सकता।

क्रोध पर कैसे काबू पाएं ? पश्चिमी देशें में कुछ लोगों का विचार है यदि क्रोध आया है तो इससे बचने का उपाय है कि इसे जाहिर होने दे, बाहर निकालकर इसका शमन करें। लेकिन क्रोध पर काबू पाने की इस में बहुत-सी कमियां हैं तथा समस्या का हल होने के बजाए और विकराल रूप लेने का डर हमेशा कायम रहने की संभावना है। क्रोध को जाहिर करने से ऐसा तो लगता है कि क्रोध खत्म हो गया परन्तु वास्तविकता तो यह है कि हम क्रोध को और दावत दे रहे हैं। इस तरह से क्रोध करना हमारी आदत बन जाता है।

नैन्सी ओ कोनर कहती हैं, ''यह सच है कि क्रोध को दबाने से बेहतर है कि इसको जाहिर करके निकाल दिया जाए लेकिन बेहतर ढंग से। मेरे ख्याल से यह सत्य नहीं है। क्रोध का साधारण मतलब नाखुशी है। जब आप नाखुश होते हैं तो अच्छे एवं बुरे में भेद करने की शक्ति का ह्रास हो जाता है। इस भावना को जाहिर करने के हानिकारक परिणाम ही सामने आते हैं। क्रोध जाहिर करने का कोई बेहतर ढंग नहीं हो सकता। यहां यह बता देना जरूरी है कि क्रोध एवं नाखुशी दो अलग अर्थ लिए शब्द हैं।''

अगर किसी परिस्थितिवश आप नाखुश हैं या चिढ़चिढ़ापन है लेकिन क्रोधित नहीं हैं तो आप बेहतर तरीके से अपनी भावना को जाहिर कर सकते हैं। लेकिन ध्यान रहे, आपका अपनी भावना व्यक्त करने का तरीका संतुलित हो, उसमें जरा भी कड़वाहट या दुर्भावना न हो। इस तरह से आप अपनी बात बेहतर तरीके से कर सकते हैं तथा परिस्थिति आपके नियंत्रण में होगी।

यह भी सत्य है कि क्रोध को दबाना भी उतना ही खतरनाक है जितना व्यक्त करना। लेकिन इसको अव्यक्त करने का यह अर्थ भी नहीं कि आप उसे दबा रहे हैं या बाद में व्यक्त करने के लिए सहेज रहे हैं। जरूरत इस बात की है क्रोध की गहराई से जांच की जाए क्योंकि हम पहले भी बता चुके हैं कि क्रोध का मुख्य कारण हमारे अंदर ही निहित है। अपने क्रोध पर नियंत्रण पाने के लिए आपको अपने अंदर झांकना होगा अपने व्यक्तितव व सोच का विश्लेषण करना होगा। आपको परिपक्व होने की जरूरत है।

दलाई लामा कहते हैं कि गुस्से एवं घृणा की भावना हमारे मस्तिष्क में उत्पन्न होती है जब हम असंतुष्ट या नाखुश होते हैं। इसलिए आप अपने अंदर दया एवं दयालुता की भावना रखकर अपने क्रोध को पनपने से रोक सकते हो तथा अपने मस्तिष्क को शांत रख सकते हो। दलाई लामा आगे कहते है कि क्रोध एवं घृणा पर अंकुश लगाने के लिए बर्दाश्त एवं सहनशक्ति को मजबूत करने की जरूरत है। जब तक मनुष्य में सहनशक्ति एवं बर्दाश्त करने का माद्दा मौजूद है तक तक उसकी दिमागी शांति को कोई हिला नहीं सकता।''

जब आप क्रोध की जकड़न में आ जाएं तब क्या करें ? अगर आपको क्रोध पर तुरन्त नियंत्रण करने में मुश्किल आ रही हो तो अपना ध्यान किसी दूसरी तरफ मोड़ लें। उस स्थान को छोड़ दें। जब आपका दिमाग थोड़ा शान्त हो जाए तब आप क्रोध के कारणों का विश्लेषण कर सकते हैं। ऐसा करने के लिए आपको निरन्तर प्रयास, धैर्य एवं अभ्यास की आवश्यकता होगी। एक समय ऐसा आएगा जब आप यह महसूस करेंगे कि गुस्सा भी आप ही का है। इसके लिए उत्तरदायी भी आप ही हैं तथा यह निर्णय भी आप ही को लेना है कि गुस्सा व्यक्त करें या न करें। एक बार जब आप यह महसूस कर लेंगे तब आपको वास्तविक स्वतंत्रता का वातावरण नजर आएगा। फिर आप बाहरी परिस्थितियों पर निर्भर नहीं करेंगे तथा क्रोध से मुक्ति मिल जाएगी।

अगर कोई आपको उकसाए तब क्या करें ? बचपन में मेरी मां मुझे 20 तक गिनती बोलने की सलाह देती थी। एक दिन जब मैं सूजी हुई आंख के साथ घर वापस आया। तब मैंने अपनी मां से कहा, लगता है जिसने मेरी आंख पर मारा है उसकी मां ने उसे सिर्फ 10 तक गिनती बोलना ही सिखाया है।

दलाई लामा की सलाह है कि जब कोई आपको नुकसान पहुंचाए तो आपको बदले कार्यवाही या क्रोध नहीं करना चाहिए। आपको यह विश्लेषण करना चाहिए कि गुस्सा, घृणा एवं दुर्भावना मानवीय आंतरिक गुण है या नहीं। अगर आप यह सोचते हैं कि मनुष्य के लिए क्रोध करना सही नही हैं तब गुस्सा या घृणा करने से क्या लाभ। अपने गुस्से को बेकाबू करने की बजाए आपको अपने अन्दर दयालुता की भावना का विकास करना चाहिए।

अब आप पूछोगे कि अगर कोई आपको नुकासन पहुँचा रहा है तो शांति तथा

सहनशीलता दिखाना क्या कमजोरी नहीं है ? यह इस बात पर निर्भर करता है कि आप इसे किस तरह लेते हैं। मेरे ख्याल से अगर आपको कोई उकसाता है तो उसका प्रतिवाद न करना आपकी मजबूती है ना कि आपकी कमजोरी। इसका सबसे बड़ा उदाहरण यह है कि विषम परिस्थितियों में क्रोध करना ज्यादा आसन है, शांत रहना अति कठिन कार्य है। अपने आप पर नियंत्रण रख कर आपको थोड़ी देर के लिए मन में चाहत एवं असुविधा महसूस होगी लेकिन आपने किसी बड़े खतरे को अवश्य टाल दिया है। आपको गुस्सा न केवल आप पर हानिकारक प्रभाव डालता हे बल्कि आपको खतरनाक परिस्थिति में भी डाल देता है। इसलिए अगली बार जब भी कोई आपको उकसाए अपने आप पर नियंत्रण रखने की कोशिश करें। गौतम बुद्ध के बारे में एक कथा प्रचलित है कि किस तहर उन्होंने ऐसी परिस्थिति का सामना किया। एक आदमी भगवान बुद्ध के शिविर में आया। वह दुर्भावना के साथ आया था। ताकि भगवान बुद्ध को उकसा कर वहां से भगा दिया जाए। उसने आते ही भगवान बुद्ध को बुरा भला कहना शुरू कर दिया। बुद्ध उसके अचानक हमले को देखकर अवाक् रह गए लेकिन शांत बने रहें। एक-दो बार उन्होंने बीच में बोलने का प्रयत्न किया लेकिन वह आदमी लगातार दुर्व्यवहार करता रहा। भगवान बुद्ध शांत खड़े रहे। लेकिन कुछ समय बाद जब उस आदमी ने देखा कि बुद्ध कुछ नहीं बोल रहे हैं तो उन्हें बोलने का मौका देने के लिए वह चुप हो गया भगवान ने मुस्कुराते हुए उस आदमी से कहा, ''हे भद्र ! आप मेरे लिए बहुत बुद्धिमान पुरुष हैं मैं आपसे एक प्रश्न पूछना चाहता हूं। मान लो, तुम्हारे यहां कोई मेहमान आता है तथा साथ में उपहार लाता है। लेकिन किसी कारण से आप वह उपहार स्वीकार नहीं करते तब वह उपहार कहां जाएगा ?'' उस आदमी ने हा, बहूत आसान जवाब है। जाहिर है वह उपहार उस मेहमान के पास ही रहेगा।

भगवान बुद्ध ने मुस्कुराते हुए कहा, ''श्रीमान ! आप मेरे मेहमान हैं। आप मेरे लिए जो कटु शब्दों का उपहार लाए हैं मैं उसे लेने से अस्वीकार करता हूं। तो यह उपहार अब कहां जाएगा ?''

उस आदमी को अपनी मूर्खता तथा भगवान् बुद्ध की महानता का एहसास हुआ। वह बुद्ध के पैरों में गिर पड़ा तथा उनका अनुयायी बन गया। दलाई लामा

कहते है, ''क्रोध करने की बजाए मैं उस आदमी का एहसान मानूंगा जिसने मुझे यह नुकसान पहुंचाने की कोशिश की क्योंकि उसने मेरे सब्र का इम्तिहान लेने का अवसर दिया है।'' ऐसी ही एक कथा अतिश के बार में मशहूर है जो बौद्ध धर्म का प्रयार करने तिब्बत गए थे। जब वे भारत से तिब्बत गए तो अपने साथ एक रसोईया भी ले गए। वह रसोईया बहुत ही बद्‌मिजाज एवं अवज्ञाकारी था। वह कई बार अतिश का अपमान भी करता था। एक बार तिब्बतियों ने कहा कि आप इसे अपने साथ क्यों लाए है? आपको इसके साथ रहने की जरूरत नहीं। हम आपके लिए भोजन पका सकते हैं। लेकिन अतिश ने कहा, ''मुझे इसकी जरूरत है। मुझे अपने सब्र का अभ्यास करने के लिए उसकी जरूरत है।''

दास कबीर निंदा को बुरा नहीं मानते। उनके अनुसार निंदा करने वाला तो मेरा मित्र है। उसकी वजह से ही मैं अपने दोषों को देख पाता हूं। वह तो एक तरह से मेरा चित्त निर्मल कर रहा है। जो मेरे व्यक्तित्व को बेदाग बनाने में मदद करे वह मेरा दोस्त हुआ या दुश्मन। वह अगर गलत निंदा भी कर रहा है तो कोई गम नहीं। मै तो भव पार उतर जाऊंगा वही तो डूबेगा।

अपने हर तरह के अपमान में आप खुद ही सहयोगी प्रतीत होते हैं। अगर इस सहयोग को आप वापस ले लें, अपने आपको प्रभावित न होने दें तो अपमान तो आपको छू भी नहीं सकेगा। दूसरे क्या कहते हैं, कैसा व्यवहार करते हैं, यह उनकी अपनी सोच है लेकिन आपको अपमानित होना है या नहीं होना, यह तो आपके हाथ में है। अपमान करने वाले का प्रतिकार करना आपकी इच्छा पर निर्भर है। शांत रहते हुए अपमान करने वाले की बात पर ध्यान ही न दें। इससे अपमान करने वाले का उद्‌देश्य ही निष्फल हो जाएगा। मान लो, कोई व्यक्ति आपके ऊपर तीर चलाता है। आप घायल तो तभी होंगे जब उस तीर को अपने शरीर में घुसने देंगे। अगर आप उस तीर से अपने आपको बचा लें तो आपका कोई नुकसान नहीं होगा। लेकिन अगर अपने आपको बचाने के बजाए आप भी बदले की कार्यवाही करें तो परिणाम होगा खून-खराबा। मैं जानता हूं ऐसा करना कोई आसान कार्य नहीं है। इसके लिए काफी प्रयास एवं सब्र की जरूरत है। अपने आपको अपमान से बचाना भी साहस एवं

बुद्धिमानी का कार्य है। यह एक लम्बी यात्रा है। लेकिन इस दिशा में आपका हर कदम आपके अपने गंतव्य के नजदीक लाएगा। इसलिए जब भी कोई आपको अपमानित करने की कोशिश करे तो आप शांत रहकर उसके अपमान को पास मत फटकने दो। इस तरह हर बार आपका इस दिशा में उठाया गया कदम पहला कदम होगा। आप जब सावधानी से अपमान को नजरअंदाज करेंगे, आपको इस यात्रा में बहुत मजा आएगा। यह यात्रा आपकी प्रसन्नता की यात्रा बन जाएगी।

"एक बार ब्रिटिश प्रधानमंत्री चर्चिल से, विपक्ष की महिला नेता ने कहा कि अगर मैं तुम्हारी पत्नी होती तो मैं तुम्हें जहर दे देती। चर्चिल ने मजाकिया अंदाज में जवाब दिया कि अगर मैं तुम्हारा पति होता तो वह जहर चुपचाप पी लेता।" अंग्रेजी में कहावत है "अपमान स्वीकार कर लो।" एक बार वक्ता सभा मे भाषण दे रहा था तो श्रोताओं में से किसी ने एक पेज अपमान सूचक शब्दों का लिखकर वक्ता के पास पहुंचा दिया। वक्ता ने बड़ी हैरानी से एवं ध्यानपूर्वक इस पेपर को पढ़ा तथा कहा कि मेरे किसी दोस्त ने पेपर पर सिर्फ हस्ताक्षर करके भेज दिए हैं, कोई बात नहीं लिखी। इस तरह महात्मा गांधी के बारे में एक घटना प्रचलित है। उनके पास भी एक पत्र आया जिसमें अपमानसूचक शब्दों के अलावा कुछ नहीं था। गांधी जी ने वह पत्र ध्यान से पढ़ा, फिर पत्र में से पिन निकालते हुए कहा कि इस पत्र में सिर्फ यही काम की चीज है।

बाहरी संसार आपके नियंत्रण में नहीं है तथा हो भी नहीं सकता। आपको इसे नियंत्रण में करने की कोशिश भी नहीं करनी चाहिए क्योंकि यह कल्पना में ही संभव नहीं है। सिकन्दर महान ने भी इसे नियंत्रित करने की कोशिश की। वह बहुत सी भूमि जीतने में सफल भी हुआ लेकिन जब वह मर रहा था तो उसके कुछ काम न आया। हिटलर ने भी कोशिश की, पर उसके साथ क्या हुआ ? उसकी सारी शक्ति उसके कुछ काम न आयी बल्कि इतिहास में क्रूर व्यक्ति के रूप में मशहूर हुआ। अगर आप दुनिया को काबू में करने का प्रयास करना छोड़ दें तो दुनिया आपको नुकसान नहीं पहुंचाएगी।

आप वर्षा को रोक नहीं सकते लेकिन छाता खोलकर भीगने से बच तो सकते हो। आप संपूर्ण पृथ्वी से पत्थर एवं काटें नहीं हटा सकते लेकिन

जूते पहनकर चोट खाने से बच तो सकते हो। संसार आपकी इच्छानुसार नहीं चल सकता। न ही आपको कोशिश करनी चाहिए। आपको अपने आप पर नियंत्रण करने की जरूरत है। उसी में आपकी वास्तविक स्वतंत्रता है। आत्मनियंत्रण में ही आपकी प्रसन्नता का स्रोत छिपा है। केवल प्रसन्न चित्त एवं आजाद ख्यालात का व्यक्ति ही संसार को बेहतर बनाने में योगदान दे सकता है। जो संसार को बेहतर बनाने में योगदान देना चाहता है। उस परिवार को भी बेहतर बनाने का प्रयास करना ही चाहिए।

ईर्ष्या-हीनता से बचें

जिस प्रकार से एक म्यान में दो तलवारें नहीं रह सकती, उसी प्रकार से दाम्पत्य जीवन में ईर्ष्या और सद्‌भावना एक साथ नहीं रह सकती। वास्तव में दोनों विचार परस्पर विरोधी भावनाएं हैं। हमारी पुरुष-प्रधान सामाजिक व्यवस्था में ऐसे अनेक संयोग आ जाते हैं, जहां पत्नी पति की अपेक्षा अधिक सम्मानजनक पद पा जाती है। आजकल विश्वविद्यालयों की परीक्षाओं में लड़कियां लड़को से आगे रहती हैं। सामाजिक जीवन में भी कई ऐसे पति हैं, जो स्वयं बी०ए० हैं, तो पत्नियां एम०ए०, पी०एच०डी०। पत्नी प्रधानाचार्य है तो पति प्राध्यापक, पति व्यवसायी है तो पत्नी विधायिका, पति कार्यालय सहायक है, तो पत्नी प्रशासनिक अधिकारी है। इस प्रकार की परिस्थितियां कोई असमान्य व्यवहार नहीं और न ही यह किसी व्यवस्था का दोष है। वास्तव में यह तो एक आम और साधारण व्यवहार है।

सामाजिक और पारिवारिक जीवन में इस प्रकार की व्यवस्था के कुछ अप्रिय परिणाम अवश्य देखने-सुनने को मिलते हैं। अतः ऐसे संबंधों के कारण दाम्पतय जीवन में आई नीरसता को सरसता में बदलने के लिए पुरुषों और महिलाओं को अपनी सोच व्यापक बनानी चाहिए।

इन संबंधों के परिप्रेक्ष्य में अध्ययन करने के बाद जो मनोवैज्ञानिक सत्य सामने आया है, वह यह है कि पुरुष वर्ग स्त्री की सुदंरता को तो सरलता से पचा लेता है, लेकिन उनकी दिमागी अथवा प्रतिभाजन्य श्रेष्ठता को सरलता से नहीं स्वीकार कर पाता।

पत्नी की श्रेष्ठता, प्रतिभा पति को मन-ही-मन ईष्यालु बना देती है। यदि वह पत्नी को इस प्रकार की श्रेष्ठता, प्रतिभा, प्रगति, उन्नति, सफलता और

उपलब्धियां से समन्वय नहीं कर पाता अथवा इन उपलब्धियों के कारण पत्नी में उच्चता अथवा श्रेष्ठता का भाव पैदा होने लगता है, तो पति एकांतप्रिय, पलायनवादी, दायित्वहीन, अदूरदर्शी, चिड़चिड़ा और सनकी हो जाता है। पत्नी की प्रगति पर प्रसन्न होने की अपेक्षा उसमें ईर्ष्या अथवा हीनता की अभिव्यक्ति होने लगती है। इस प्रकार की सोच पत्नी और पति के बीच 36 का आंकड़ा बनाती है जिससे उनमें हमेशा तनाव और आत्महीनता की स्थिति बनी रहती है। ऐसे पति या तो आज्ञाकारी पति बन अपनी स्थिति को संभालते हैं या फिर 'हुक्म का गुलाम' बने रहने में शान समझते हैं।

कभी-कभी समन्वय के अभाव में पत्नी के साथ भी कुछ ऐसा ही होता है और वह सारी उम्र 'चौके-चूल्हे' से बाहर नहीं निकल पाती। दोनो ही स्थितियां दाम्पत्य जीवन के लिए अभिशाप सिद्ध होती हैं, इसलिए आवश्यक है कि पति-पत्नी परस्पर ईर्ष्या अथवा हीनता के इन भावों से ऊपर उठकर इस विषय में व्यावहारिक सोच अपनाएं। प्रगतिशीलता के इस नए दौर में पति-पत्नी को अपनी सोच के क्षितिज को व्यापक बनाना होगा। हीनता छिपाने के लिए यदि कुछ पति क्रोध का सहारा लेते हैं, तो समस्याएं और भी बढ़ती हैं।

पति-पत्नी को चाहिए कि वे एक-दूसरे की सफलताओं और उपलब्धियों को प्रसन्न होकर स्वीकारें। सुंदर और प्रतिभावान पत्नी पाकर पुरुष को हीनता की अपेक्षा गर्व का अहसास होना चाहिए। उसे (पति को) भी अपने व्यक्तित्व को निर्माण करना चाहिए। इस बात को खुले मन से स्वीकारें कि प्रत्येक व्यक्ति की योग्यता, क्षमता अलग-अलग होती हैं और प्रत्येक व्यक्ति में कुछ-न-कुछ गुण और विशेषताएं अवश्य होती हैं। अपने सामाजिक और पारिवारिक जीवन और समाज में व्यक्ति इन्हीं गुणों और विशेषताओं के कारण अपनी जगह बनाता है।

स्वतंत्रता और समानता के इस युग में पति अथवा पत्नी को कहीं भी छोटा, हीन समझना रुग्ण मानसिक सोच का प्रतीक है। वास्तव में पति-पत्नी को सारी सफलताएं एक-दूसरे के सहयोग की देन हैं। पत्नी से ही पति का व्यक्तितव मुखरित होता है। पति-पत्नी आपस में कहीं भी प्रतिद्वंदी नहीं हैं, इनमें कोई भी किसी से इक्कीस नहीं। इसलिए एक-दूसरे से उच्च अथवा श्रेष्ठ होने का दंभ

भरना उचित नहीं। पत्नी की कमाई को स्वीकार करने में झिझकें नहीं। इस संबंध में सभी प्रकार के पूर्वाग्रहों से मुक्त हों। यदि पत्नी–सुंदर, प्रतिभावान, प्रभावशाली व्यक्तित्व वाली है, तो उसका लाभ परिवार को ही मिलता है, इसलिए इसे उसी रूप में स्वीकारें, सराहें।

विवादों से बचें – समझौते अपनाएं

विवाद चाहे पति-पत्नी के बीच हो या सास-बहू के, पिता-पुत्र के बीच हो अथवा सहकर्मियों के बीच। इन्हें लंबा न खीचें और इन विवादों के होते हुए प्रतिशोधी व्यवहार भी न करें। यह बहुत हद तक संभव है कि ऐसे मामलों में एक-दूसरे को अपनी गलती का अहसास हो जाए और बात स्वयं ही बन जाए। पति-पत्नी भी एक-दूसरे की इच्छाएं जानें और एक-दूसरे की इच्छाओं का सम्मान करते हुए मौका मिलते ही तुरंत समझौता कर लें।

पति-पत्नी के आपसी व्यवहारों को इसलिए भी स्वीकार कर लें कि हो सकता है कि इससे उनकी मान-प्रतिष्ठा उनके परिचय क्षेत्र में बढ़े। यदि आपकी पत्नी का व्यवहार आपस में सौहार्दपूर्ण है, तो प्रत्युत्तर में आप भी उसी प्रकार की सौहार्दता प्रदर्शित करें। मन में यह विचार कभी न लाएं कि आप ही सबसे अधिक सुंदर, बुद्धिमान, विचारशील, विवेकशील, प्रतिभाशाली हैं। दूसरे आपके सामने कुछ भी नहीं। वास्तव में दूसरों के तर्क, विचार और भावनाओं को पूरी गंभीरता से सुनें, उन पर विचार करें और यदि दूसरों के विचार और बातें आपके गले उतरती हैं तो उन्हें स्वीकारने में जरा भी संकोच न करें। इस प्रकार का भावनात्मक समर्थन और सहयोग पाकर पति-पत्नी एक-दूसरे का दिल जीत सकेंगे। परस्पर में यह सहमति और इसका अहसास ही आपको विजेता होने जैसा गर्व प्रदान करेगा।

विवाद चाहे संस्थान से छुट्टी लेने पर हुआ हो या फिर पर्यटन पर जाने के कार्यक्रम पर, पार्टी में जाने पर हुआ हो अथवा न जाने पर, पार्टी में लोगों को बुलाने पर हो अथवा मीटिंग से घर लौटने के कारण हुआ हो, सेमीनार में जाने का मामला हो या फिर अन्य कोई बात, एक-दूसरे के सुझाव अवश्य सुनें।

"देखो दीपा, मुझे ऐसे लोग बिल्कुल पसंद नहीं, जो दूसरे की औरतों को अपने स्कूटर पर बैठाकर उनके घरों तक छोड़ने आते हैं .....।"

"मुझे भी ऐसे लोग पसंद नहीं, जो दूसरे की औरतों के साथ होटलों में चाय पीने-पिलाने के नाम पर देर-रात तक घर से गायब रहते हैं....।"

कामकाजी जीवन में ऐसी बातें आमतौर पर होती रहती हैं। इन्हे चर्चा में नहीं लाया जाना चाहिए। इस प्रकार की बातें जहां एक-दूसरे का मन खराब करती हैं, वहीं घर में 'अविश्वास' के बीज पैदा कर देती है।

कामकाजी जीवन में यदि कभी पति-पत्नी देर से घर लौट आते हैं या पति के साथ कोई दीपा या दिव्या स्कूटर पर लिफ्ट पाकर घर आ जाती है, तो इसे अन्यथा नहीं लेना चाहिए और न ही यह व्यवहार किसी प्रकार के विवादों को बढ़ाने वाला व्यवहार है, बल्कि इस प्रकार की सोच को अपने मन में आने ही न दें।

समझौता सम्मानजनक हो

समझौतावादी सोच का सरल उपाय यह है कि प्रतिशोध, हिंसा, क्रोध प्रकट करने अथवा एक-दूसरे पर हाथ उठाने की मूर्खता कभी न करें। एक के स्थान पर चार सुनने-सुनाने से कोई समस्या हल नहीं होती। पति अथवा पत्नी को अपमानित अथवा प्रताड़ित करने से आप दोनों के स्नेह बन्धन शिथिल होंगे। स्नेह स्रोत सूखेंगे। फिर विवाद चाहे जैसे भी हों, आखिर में करना तो समझौता ही पड़ता है, तो फिर इस प्रकार की सोच की पहले से ही क्यों न रखें ? जिससे व्यर्थ की दूरियां न बढ़ें।

लेकिन ध्यान रखें कि अपने विवादों को हल करने में, समझौता करने में कभी भी किसी ऐसे बंदर को बीच में न डालें, जो अपने हितों को साध ने वाला हो। जब कभी परिवार के किसी सदस्य से पटरी मेल न खाती हो अथवा कुछ उग्र व्यवहारी हो जिनसे आप समझौता न कर सकते हों, ऐसे मामलों में कोई चर्चा अथवा निर्णय लेकर अलग हो जाना ही होता है। डॉक्टर भी सड़ चुके अंगों का ऑपरेशन कर शरीर से अलग करने की सलाह देते हैं। कुछ बातें ऐसी होती हैं जिन्हें पति-पत्नी सरलता से पचा नहीं पातें, वैचारिक भिन्नता अथवा मानसिक सोच में अंतर होने के कारण

ऐसी बातों से समझौता भी नहीं कर पाते। ऐसे व्यवहारों को बहुत दिनों तक अपने ऊपर लादे रहना उचित नहीं। इन्हें कहकर मन तुरंत हलका कर लें।

विवाह पूर्व संबंधों, किन्हीं अप्रिय हादसों, प्रसंगों की चर्चा कर अपने दाम्पत्य संबंधों में कटुता लाने की मूर्खता न करें। न ही किसी ऐसे व्यक्ति से विवाह बाद संबंध रखें, जो विवाह पूर्व के आपके संबंधों की जानकारी रखता हो अथवा आपकी किन्हीं कमजोरियों से परिचित हो अथवा उसकी मानसिकता आपको 'ब्लैक मेल' करने जैसी हो। ऐसी किसी बात की चर्चा कर आप दोनों ही अपने जख्मों को हरा करने की सोच मन से निकाल दें।

यदि ऐसा व्यक्ति अपना निकट संबंधी है, तो उससे संबंधों को समाप्त करने अथवा उन्हें 'दो टूक' करने की अपेक्षा अच्छा यही होगा कि आप ऐसे संबंधों को वहीं एक पूर्ण विराम दें, ताकि भविष्य में जब भी परिस्थितियां अनुकूल हों, तो आप इन्हें एक नया मोड़ देकर जोड़ लें। हो सकता है कि तब तक आपकी मानसिकता में भी कुछ अंतर आ जाए।

अपने सहकर्मियों, अधिरियों अथवा अधीनस्थ से किसी भी प्रकार का कोई भावनात्मक समझौता न करें। यदि आप अधिकारी हैं और अधिकार संपन्न हैं, तो हमेशा अपने आपको निष्पक्ष बनाए रखें। अहम् अथवा घमंड में आकर बातें करना और अपनी उच्चता का प्रदर्शन करना अथवा दूसरों की हीनता उछालना उचित नहीं।

"तुमने समझ क्या रखा है····· अगर मिट्टी में न मिला दिया, तो मेरा भी नाम नहीं···· " जैसी बातें पारिवारिक जीवन में न करें।

समझौतावादी सोच आपके पारिवारिक वातावरण को तो स्नेहिल बनाती ही है, सामाजिक और व्यावसायिक क्षेत्र में भी आपके सफलता प्रदान करती है। ध्यान रखें कि सम्मानजनक समझौता करने में किसी की नाक नीची नहीं होती, बल्कि इससे आपका व्यक्तित्व में निखार आता है, लोग आपकी प्रशंसा ही करते हैं। अहमवादी सोच आपको क्षणिक मानसिक संतुष्टि प्रदान कर सकती है। लेकिन समझौतावादी सोच आपके संबंधों में स्थायी मधुरता लाएगी।

आप चाहे घर में हों अथवा संस्थान में, ससुराल में हो अथवा मायके में, विवाहिता हों अथवा विवाह योग्य जीवन में समझौतावादी सोच अपनाकर अपने विचारों को

एक नई दिशा प्रदान करें। जिस प्रकार से भारी तले वाला बरतन अच्छा समझा जाता है, उसी प्रकार से गंभीर सोच अपनाएं।

आत्म संतुष्टि का यह एक जैसा व्यवहार है, जिसे अपनाकर न केवल हम दूसरों को प्रसन्न करते हैं, बल्कि स्वयं भी प्रसन्न होते हैं। फिर इस प्रकार की सोच अपनाने में संकोच क्यों ? आज ही अपनी मानसिकता को बदल डालें क्योंकि

- समझौता आपकी व्यापक सोच का प्रतीक है।
- समझौता करने में संतुष्टि का भाव विकसित करें।
- गलती स्वीकारने एवं दूसरों की बात मान लेने से आपका सम्मान बढ़ता है।
- कई बार समझौता करना फायदेमंद साबित होता है।

लेकिन धयान रखें -

- दूसरों को धमकी देने की सोच न पालें।
- एक दूसरे की प्रतिष्ठा दांव पर लगाकर कोई समझौता न करें।
- दबावों में आकर कोई अनुचित समझौता न करें, चाहे वह कितना ही लाभदायक क्यों न हो।
- समझौतावादी सोच का अर्थ सौदेबाजी नहीं।
- समझौता करने में अपनी प्रतिष्ठा दांव पर न लगाएं। पति-पत्नी की प्रतिष्ठा में अंतर न समझें।

व्यक्तित्व संवारें

व्यक्तित्व का आकर्षण पहले ही दिन से पति-पत्नी को एक-दूसरे के निकट लाता है। एक-दूसरे को पसंद करने का अर्थ ही यह है कि दोनों एक-दूसरे की किसी-न किसी बात, व्यवहार, सुंदरता, शिक्षा आदि से इतने प्रभावित हो गए हैं कि दोनों के दिल में, एक-दूसरे के प्रति भावनात्मक चाह पैदा हो गई है। सुंदर और आकर्षक व्यक्तित्व वाला पति या पत्नी चाहने की इच्छा हर युवा मन में होती है। एक-दूसरे की इसी चाह को पूरा करने के लिए युवा सजते-संवरते हैं। सुंदर दिखना-दिखाना चाहते हैं।

प्रभावी और आकर्षक व्यक्तित्व जहां आपको अपने काम-काज में दक्ष और सफल बनाता है, वहीं आपका आत्म-विश्वास बढ़ता है और आप प्रसन्न होकर अपनी बात कहती/करती हैं। आकर्षक व्यक्तित्व के लिए आवश्यक है कि आपको हर सामाजिक और राजनीतिक विषय की जानकारी हो। आप चाहे कामकाजी हों अथवा गृहिणी। थोड़ी-बहुत सामयिक जानकारी अवश्य रखें। मसलन, देश में किस पार्टी की सरकार है, प्रमुख नीतियां क्या हैं ? आदि ऐसी बाते हैं, जो आपको टी०वी० समाचार, पत्र-पत्रिकाओं के माध्यम से मिलती रहती हैं। इन सब सामान्य बातों की जानकारी आप अवश्य रखें। केवल इतना ही नहीं, स्वास्थ्य विषयक सामान्य जानकारी भी रखें। समय-समय पर पत्र-पत्रिकाओं में दी गई नई-नई जानकारियां, व्यंजन बनाने की विधियों, अपने स्वास्थ्य और सौंदर्य प्रसाधन के प्रति जागरूकता आदि के लिए पत्र-पत्रिकाएं पढ़ें। इन सब बातों से जहां आपको आगे बढ़ने का अवसर मिलेगा, वहीं आपका आत्मविश्वास बढ़ेगा और आप अपने स्तर पर सही निर्णय ले सकेंगी और परिवार के प्रति नई सोच विकसित कर लेंगी। यही बात पुरुषों पर भी लागू होती है।

बनाव-श्रृंगार के प्रति सजग रहें

आप चाहें पुरूष हों अथवा महिला, युवा हों अथवा प्रौढ़, आवश्यक बनाव-श्रृंगार अवश्य करें। आपकी केश-राशि,चेहरा, आंखें, गरदन, कोहनियां, नाखून, पैर आदि साफ-सुथरे आकर्षक और सुंदर होने चाहिए। घर में सज-संवर कर रहें। अपने सौंदर्य ओर स्वास्थ्य के प्रति किसी भी स्तर पर उदासीनता न बरतें। पहनने योग्य वस्त्रों का चुनाव ऐसा करें कि वे आपके शारीरिक सौंदर्य और आकर्षण को बढ़ाएं। प्रशासनिक पदों पर काम कर हे पुरूषों को चाहिए कि वे नित्य शेव बनाएं। बढ़ी हुई शेव से व्यक्तित्व में हीनता आती है और पूरे मनोयोग के साथ अपनी बात नहीं कह पाते। यदि आप दाढ़ी रखते हैं, तो वह इस प्रकार की हो जिससे चेहरा सजा-संवरा लगें और आपका व्यक्तित्व भी दबा दिखाई न दे। अपने केश-विन्यास को भी आकर्षक ढंग से संवारें। महिलाएं 'स्लीव लैस' ब्लाऊज तभी पहनें, जब यह उनके व्यक्तित्व को निखारने में सहायक हो। भेड़ चाल चल कर कोई भी कपड़ा न पहनें, क्योंकि सबके व्यक्तित्व पर अलग-अलग आर्कषण होता है। इसी प्रकार से कामकाजी पुरूष हमेशा 'फुल आस्तीन' की कमीज पहनें। आभूषणों का 'लदान' इतना न करें कि वे आपके व्यक्तित्व को दबा दें। आभूषणों का मोह त्यागकर केवल इतना सजें कि आकर्षण आभूषण आपकी सुंदरता को बढ़ाने में सहायक हों। आपकी सादगी भी सुंदरता का पर्याय होनी चाहिए। गले में पड़ा हुआ एक लम्बा नैकलेस' आपकी सुराहीदार गरदन को आकर्षक बनाने के लिए काफी है।

अपना बैग या ब्रीफकेस, रूमाल, लेटर हैड, कार्ड, जूते, सैंडिल, मोजे, टाई आदि इतने साफ रखें कि उसके रख-रखाव में आपके व्यक्तित्व दिखाई दे। जब भी आप किसी नई जगह जाएं या आपके घर में कोई मेहमान अथवा सह-कुटुम्बी आए, तो पूरे विश्वास के सथा उसका परिचय प्राप्त करें । परिचय प्राप्त करने के इस व्यवहार में बड़ी शिष्टता के साथ पेश आएं। यदि आपके पास आपका कार्ड है, तो पहले उसे कार्ड दें। वास्तव में परिचय कार्ड आपकी विश्वसनीयता और परिचय को प्रमाणित करते हैं। जब कोई आपसे बात कर रहा हो, तो उनकी तरफ धयान अवश्य दें। महिलाओं से बातचीत करते समय

जेब में से सिगरेट निकालकर पीना अथवा पाउच निकाल कर खाना अशिष्टता है, अतः इस प्रकार के व्यवहार से बचें। घर में पत्नी के सामने इस प्रकार की अशिष्टता न करें।

कामकाजी जीवन में महिलाओं को चाहिए कि वे अपने बनाव-श्रृंगार के प्रति कुछ विशेष सतर्कता बरतें। चटक रंगों वाले, भड़कीले, पारदर्शी वस्त्र आपकी प्रतिष्ठा को दांव पर लगाते हैं, अतः इस प्रकार के वस्त्र पहनकर संस्थान अथवा विवाह पार्टी आदि में न जाएं। आभूषणें से लदा शरीर, लिपा-पुता भारी-भरकम बनाव श्रृंगार, तेज गंध वाले रसायनों का प्रयोग तो आपको हंसी का पात्र तो बनाते ही हैं, ऐसी महिलाओं को कभी-कभी छेड़छाड़ की स्थिति का भी सामना करना पड़ सकता है।

शिष्टाचार और शालीनता

शिष्ट और शालीन पत्नी पाकर पति को मानसिक संतुष्टि होती है। इसलिए अपने सामजिक, पारविारिक और कामकाजी जीवन में शिष्टता और शालीनता को एक गुण के रूप में स्वीकारें। अपनी दैनिक बातचीत में 'जी हां', 'जी नहीं', 'सर', 'यस सर' 'नो सर', 'नो थैंक्स', 'आप लीजिए', 'बैठिए', 'आप बताइए', जैसे शब्दों का प्रयोग करें। घर में आने वाले व्यक्तियों के साथ भी इसी प्रकार का शिष्ट व्यवहार करें। इससे जहां आपकी बातचीत संतुलित, शिष्ट व संक्षिप्त रहेगी, वहीं आप दूसरों की अधिक सुनेंगी। दूसरों को हमेशा बोलने का अवसर अधिक दें। यदि आप कामकाजी हैं तो संस्थान में पुरूष सह-कर्मियों के साथ बैठकर चाय पीने-पिलाने का आग्रह न करें। यदि कभी ऐसा अवसर आ भी जाए, अथवा आप बॉस के साथ कभी चाय पीने के लिए बैठें, तो टेबिल पर चाय का कप रखने से पहले 'प्लास्टिक मैट' रख लें। चाय आने पर अपने हाथों से पहले दूसरों को चाय ऑफर करें। घर पर भी हमेशा इस प्रकार की शिष्टता का पालन करें। यही पुरूष भी इन बातों का पालन करें तो घर-बाहर, हर जगह खुशहाली रहे।

दूसरो को महत्व दें

हमेशा दूसरों के विचारों, भावनाओं का सम्मान करें और उनका महत्व समझें। आपकी योग्यता, प्रतिभा, प्रभाव, दूसरों को महत्व देने में ही है। घर के छोटे-छोटे व्यक्ति यहां तक कि घरेलू नौकर का भी महत्व समझें और उसे इसके अनुसार मान-प्रतिष्ठा दें। आपका बड़प्पन दूसरों को बड़प्पन देने में ही है। दूसरों को महत्व देने से आशय यह है कि आप उसकी बात सुनें। उसे आवश्यकता अनुसार विश्वास और सहायता दें। उनमें विश्वास करें। यदि आप समझती हैं कि उनका कथन, सोच, व्यवहार, आचरण गलत है, अनुचित है, भ्रामक है, तो बिना किसी पूर्वाग्रह के उन्हें अपने विश्वास में लें। उन्हें भविष्य में होने वाले दुष्प्रभावों, दुष्परिणामों से सावधान करें। होने वाली हानि के प्रति सचेष्ट करें। इसके बाद भी यदि उनका आपसे मतैक्य नहीं होता, तो उसे अपनी राह पर चलने दें। ठोकर खाकर स्वयं ही संभलने के अवसर दें। वास्तव में जीवन के प्रति इस प्रकार की दूरदर्शी सोच जहां आपको परिवार से जोड़ेगी, वहीं आपके पारिवारिक जीवन में भी आपके समर्थकों की संख्या बढ़ेगी और इस प्रकार से आप परिवार के सभी सदस्यों से मान-प्रतिष्ठा पा सकेंगे।

लक्ष्य के प्रति समर्पित हों

जहां भी सम्मति होगी, वहीं संपन्नता और समृद्धि होगी। इस विश्वास के साथ पति-पत्नी अपने जीवन और पारिवारिक लक्ष्यों की प्राप्ति के लिए प्रयास करें। पति-पत्नी एक-दूसरे की इस सोच को कहीं भी कम न समझें। अपने काम को पूरी लगन, निष्ठा और आत्मविश्वास के साथ करें। अपनी सफलता तथा कामकाजी जीवन में आने वाली सभी कठिनाइयों की जानकारी भी पति को दें। अधिकारी को विश्वास में लेकर लगन से काम करें। काम का महत्व होता है, इसलिए काम से जी चुराने की मानसिक सोच मन में न पालें। आपके काम का मूल्यांकन होता रहता है, घर में सास, ससुर, बच्चे सब आपके काम से ही प्रभावित होते हैं। काम की सफलताएं ही लक्ष्य प्राप्ति का साधन होती हैं। परिश्रम का फल हमेशा मिलता है और वह अच्छा होता है। आपकी इस प्रकार की सोच जहां दूसरों के लिए प्रेरणा बनेगी, वहीं परिवार के सदस्य भी नित्य नई सफलताएं प्राप्त कर

सकेंगे। पारिवारिक जीवन में अपनी कथनी और करनी में कहीं भी अंतर न आने दें। काम ज्यादा करें, बातें कम करें। पति-पत्नी का परस्पर में विश्वास ही एक-दूसरे की सफलता बनता है।

सरल बनें

आपके व्यक्तित्व की विशेषता इसमें दिखाई देती है कि आप पारिवारिक और सामाजिक जीवन में कितने सरल हैं। आप स्वयं को सुंदर, धनवान या गुणी समझकर अपने ऊपर घमंड न करें और न दूसरों से अलग-अलग रहें। व्यक्ति जितना बड़ा होता है, उतनी ही विनम्रता उसमें होनी चाहिए। यदि आप गुणवान होकर भी सरल रहेंगी, तो निश्चय ही आपके परिचित आपका सम्मान करेंगे। यदि पति-पत्नी दोनों ही समृद्ध और विनम्र हैं, तो घर अपने आप ही स्वर्ग बन जाता है।

परिचय क्षेत्र बढ़ाएं

आपकी विशेषताएं आपके परिचय क्षेत्र को बढ़ाती हैं, इसलिए अपने इस क्षेत्र को भी मान्यता दें। आपके पास समय का अभाव हो सकता है, लेकिन समय के अभाव के कारण अपने इस क्षेत्र की उपेक्षा न करें। संपर्क में आने वाले प्रत्येक व्यक्ति को उसकी अपेक्षा के अनुकुल सहयोग दें। सलाह दें। आपकी सलाह किसी दूसरे के जीवन को प्रकाशित कर सकती है। भटके हुए व्यक्ति के राह दे सकती है। इसी प्रकार से नई-नई संस्थाओं से जुड़ें। उनके उद्देश्यों की पूर्ति में अपना आर्थिक और सकारात्मक सहयोग दें।

समय का सदुपयोग करें – महिलाएं

अपने समय का सदुपयोग करने के लिए आवश्यक है कि आप किसी भी रचनात्मक कार्य से जुड़ें। घर में सिलाई-कढ़ाई आदि अनेक काम हो सकते हैं। यदि आपकी रुचि किसी समाज-सेवा के कार्य में है, तो किसी सामाजिक संस्था से जुड़ें। मौहल्ले-पड़ोस की लड़कियों को कुछ काम करना सिखाएं। झुग्गी-झोपड़ी अथवा गंदी बस्ती की महिलाओं को प्रगतिशील सोच में परिचित

कराएं। उन्हें सफाई आदि का ज्ञान कराएं। बार-बार गर्भपात से सावधान कराएं। अधिक बच्चों से होने वाले परेशानियों तथा नई-नई बीमारियों के बारे में बताएं। उन्हें पढ़ाई-लिखाई और साक्षरता से जोड़ें।

यदि आपकी रुचि इन सामाजिक कामों में नहीं है, तो घर में ही पेड़-पौधे उगाएं। इन पौधों की देखभाल करें। आंगनबाड़ी में कुछ समय लगाएं। पौधो को पानी दें। इस प्रकार के कार्यों से जहां आपको मानसिक संतुष्टि मिलेगी, वहीं आप अपने घर-आंगन को भी एक नया कलात्मक रूप दे सकेंगी।

आपकी एक छोटी-सी मधुर मुस्कान ही दूसरों का दिल जीतने के लिए काफी है। आपके पति की थकान मिटाने के लिए ही काफी है। अतः अपने पारिवारिक सामाजिक जीवन में मधुर, दिलकश मुस्कान के साथ ही दूसरों का स्वागत करें। उन्हें विदा करें, मिल बैठें। इस प्रकार का आकर्षक व्यक्तित्व सजा-संवार कर जहां आप दूसरों के दिल में स्थान पा सकेंगी, वहीं आप उनकी आंखों में भी चमक ला सकेंगी, जिसकी चाह उन्हें हमेशा होती है। अतः आपको चाहिए कि –

- संबोधनों में आत्मीय भाव लाएं।
- बड़ो को यथेष्ट मान-सम्मान दें।
- आप चाहे जिस भाषा में बोलें, स्पष्ट और शुद्ध बोलें।
- हमेशा सज-संवर कर रहें।
- सादगी का फैशन हमेशा रहता है।

मगर ध्यान रखें

- अपने रंग-रूप पर इतराने की सोच न पालें, न ही इस पर गर्व करें।
- अंग्रेजी बोलने की कोशिश में गलत अंग्रेजी बोलकर जग-हंसाई की पात्र न बनें।
- 'बिजी विदाऊट वर्क' न रहें।
- फैशन के नाम पर कपड़े न फाड़ें। न ही आभूषणों को लादें।

पत्नी को भी चाहिए सम्मान

पति-पत्नी में एक-दूसरे के प्रति समान भाव से श्रद्धा भाव, विश्वास और समर्पण की भावना पैदा हो जाना ही एक-दूसरे को सम्मान देना है। इस प्रकार का सम्मान निश्चय ही घर के कामों में संतुलन स्थापित करके लिया और दिया जा सकता है। आमतौर पर घर के कामों को 'औरतों के काम' कहकर पति उनसे बचना चाहता है। ऐसे परिवारों में जब कभी भी कोई असामान्य स्थिति पैदा होती है, तब पत्नी को ही जिम्मेदार समझकर उसे अपमानित किया जाता है।

'इतनी देर कर दी···।', 'बस निकल गई····।', 'ये खाना है कि भैंस का बांट···।', 'जब देखो तब कबाड़खाना बना रहता है···' जैसी बातें सुनकर जहां पत्नी अपमान का अनुभव करती है, वहीं पति यह सामान्य शिष्टाचार भी भूल जाते हैं कि घर की इस भूल के लिए अकेली पत्नी ही पूरी तरह से जिम्मेदार नहीं होती, तो फिर अपमान का यह 'ठीकरा' उसके सिर पर ही क्यों ? वास्तव में तनावों का कारण कुछ इसी प्रकार की मानसिकता होती है। अतः इस प्रकार की समस्याओं के लिए पति-पत्नी को आपसी तू-तू मैं-मैं से बचना चाहिए और अपमान की कोई भी स्थिति निर्मित नहीं होने देनी चाहिए। एक-दूसरे को अपमानित करने की अपेक्षा समस्याओं के समाधान तलाशें और ऐसी समस्याओं के समाधान अपने स्तर पर करें। समाधान अवश्य मिलेंगे।

परस्पर सम्मान के अभाव में एक ही घर में रहते हुए भी पति-पत्नी अजनबी बन कर रहते हैं। ऐसे में जीवन एक बोझ बन जाता है। वास्तव में जो पति-पत्नी भी एक-दूसरे को दिलोजान से चाहते थे, वे ही परस्पर सम्मान के अभाव में एक-दूसरे से दूर होते चले जाते हैं। सम्मान का मतलब चापलूसी नहीं है, बल्कि एक-दूसरे की कमियों को स्वीकारना ही परस्पर सम्मान प्रकट करना

है। एक–दूसरे की कमियों को उछालकर एक–दूसरे की निकटता प्राप्त नहीं की जा सकती। कमियां किसमें नहीं होतीं ? इसलिए कमियों के प्रति उदार दृष्टिकोण अपनाएं और परस्पर विवाह संबंधों की गरिमा को बनाकर रखें।

कभी–कभी मित्रता भी पारिवारिक संबंधों पर भारी पड़ने लगती है। इससे घर का ताना–बाना बिखरने लगता है। घर में पत्नी की स्थिति तो सम्मानजनक होनी चाहिए। घर में पति के साथ आने वाली मित्र–मंडली ही सविता की समस्या थी। पति के तथाकथित मित्र देर रात तक बैठक में जमे रहते। देर रात तक चलने वाली ये महफिलें बबीता और उसके दाम्पत्य संबंधों पर भारी पड़ने लगीं। कई–कई दिनो तक पति से मिलना ही न हो पाता। इससे उनमें परस्पर दूरिया बढ़ने लगीं। बबीता मित्रों के सामने तो पति से कुछ न कह पाती, लेकिन उसके लिए यह स्थिति असहनीय हो जाती। बबीता कभी अपने पति को कोसती और कभी अपने आपको।

पति का यह व्यवहार क़िसी एक घर की समस्या नहीं, बल्कि हमारे तथाकथित उच्चवर्गीय परिवारों में हर चौथे–पांचवे परिवार की यही समस्या है। जहां पत्नी के मान–सम्मान की परवाह न करते हुए उसे घर आए पति मित्रों की इच्छाओं का पालन करना पड़ता है। ऐसे लोग 'आज की शाम राठी के नाम····।'', 'आज की शाम अमुक के नाम·····' कहकर पीने–पिलाने का शौक करने लगे हैं। पति मित्रों या फिर साहब को 'डिनर' पर बुलाया जाता है और फिर डिनर की टेबल पर काफी रात तक साहब अथवा वी०आई०पी० गेस्ट की झूठी तारीफों के पुल बांधे जाते हैं। अपनी उपलब्धियों, सफलताओं पर देर रात तक चर्चा होती है। दूसरों को मूर्ख समझकर उनकी निंदा की जाती है। अपनी सम्पन्नता और दूसरों की हीनता के बारे में बाते होती हैं। 'एक पैग और' के आग्रह किए जाते हैं। ताश अथवा जुआ खेला जाता है, कभी–कभी तो परस्पर ऐसे व्यवहार होते हैं जो किसी भी हालत में विवाह संबंधों से मेल नहीं खाते, बल्कि दाम्पत्य संबंधों के नाम पर खुला प्रश्न चिन्ह बनाकर पति–पत्नी के संबंधों का खुला अपमान करते हैं।

बहुत स्पष्ट बात है कि जब पति अपने मित्रों के बीच बैठकर अपना समय हंसी मजाक और खाने में बिता रहे होते, तो बबीता दूसरे कमरे में अपना समय

क्रोध, क्षोभ और आत्महीनता में बिताती। ऐसे क्षण ही दाम्पत्य संबंधों की मधुरता को लीलने लगे और पत्नी न चाहते हुए भी अपमान के ये घूंट पीती रही, सहती रही। बबीता अपनी हीन अवस्था को व्यक्त करते हुए बोली, "बहिना, मेरी सहन शक्ति और धैर्य की सीमा तो तब टूट जाती है, जब सुबह उठकर मैं बैठक में जाती हूं तो पूरी बैठक सिगरेटों की दमघोंटू बदबू, शराब की खाली बोतलों, सिगरेटों के टुकड़े और जली हुई माचिस के टुकड़ो से भरी होती है। जी मिलचने लगता है। तीन-तीन घंटे लग जाते हैं सब कुछ फिर से व्यवस्थित करने में। बड़ी ग्लानि होती है अपनी इस जिदंगी पर····· कितनी घुटन में जीती हूं मैं·····।"

पढ़ी-लिखी लड़कियों से इस प्रकार की अपेक्षाएं करना दाम्पत्य संबंधों की मधुरता और सरसता को नकारने वाले व्यवहार हैं। अंत: इस सत्य को स्वीकारें कि पत्नी का दिल जीतने के लिए आवश्यक है कि आप उसे गरिमायुक्त मान-सम्मान दें। विशेषज्ञों का मत है कि केवल रोमांस ही सब कुछ नहीं है, मानसिक संतुष्टि के लिए एक-दूसरे के प्रति इस प्रकार की गंभीरता भी आवश्यक है। एक-दूसरे के आनंद और मानसिक संतुष्टि के लिए बराबरी की हिस्सेदारी करें। इसके लिए सदैव :

- पति सदैव पत्नी के साथ गरिमा का व्यवहार करें। परिवार में उसका स्थान प्रतिष्ठा का स्थान है।
- अपने व्यवहार में शिष्टता अपनाएं।
- 'मैं' और 'तुम' के स्थान पर 'हम' का प्रयोग करें।
- पूर्वाग्रहों से मुक्त रहें।
- पति होने का अहसास पत्नी को हमेशा कराते रहें, उच्चता से नहीं, अपने बड़प्पन से। सहयोग से।
- मित्रों को घर पर लाने से पहले अपनी पत्नी की सहमति लें।
- मित्रों के साथ बैठकर खुशी का माहौल बनाएं, परिवार को प्रदूषित करने का नहीं।

साथ ही यह भी ध्यान रखें

- सुनी-सुनाई बातों पर विश्वास न करें।
- मित्रों के सामने पत्नी पर रोब जमाने की सोच न पालें।
- पत्नी के बनाए हुए खाने की प्रशंसा उसे साथ खिलाकर करें।
- देर रात तक मित्रों के साथ न रहें।
- पत्नी को बेवक्त की अभिसारिका न समझें। रोमांस के लिए भी उसकी सहमति आवश्यक है जो प्रसन्नता व घर के खुशहाल वातावरण में ही छिपी होती है।

संवादहीनता से बचे

संवादहीनता की स्थिति न बने, इसके लिए पति-पत्नी के सम्बन्धों में सुदृढ़ परदिर्शिता की स्थिति होना बहुत जरूरी है संबंधों में यह जितनी साफ होगी, प्यार की गहराई उतनी ही गहरी और सुदृढ़ होगी। पति-पत्नी के बीच आत्मविश्वास की इस डोर को जितनी मजबूती दी जाए, बातचीत का सिलसिला उतना ही अधिक बना रहेगा। इसके लिए निम्न बातों पर अमल करना भी उचित होगा-

1. अपनी बातचीत में में एक-दूसरे की कमजोरियों, अभावों अथवा दोषों की चर्चा न करें, न ही किसी पुरानी घटना, दुर्घटना को बार-बार स्मरण कराएं।
2. अपने जीवन से संबंधित किसी अप्रिय घटना अथवा अप्रिय हादसे की जो उनके जीवन में सरसता का कारण बने, उन्हें अच्छी लगे, जिनमें उनकी रूचि हो। तूफान खड़ा कर देने वाली कभी कोई बात न कहें। इस प्रकार से अंतरंगता-भरी बातों को भी केवल उसी समय करें, जब इस प्रकार की बातों का कोई अर्थ हो। चांदनी रात में धूप की बाते न करें।
3. पति-पत्नी एक-दूसरे से कभी कोई बात न छिपाएं, लेकिन इसका ध्यान रखें कि ऐसी कोई भेद-भरी बात उनकी भावनाओं को आहत न करे या एक-दूसरे में विश्वास कम न करे। कोई यह न समझे कि उसके साथ विश्वासघात किया जा रहा है। या फिर उसकी किसी कमजोरी अथवा हीनता को उछाला जा रहा हे। ऐसे किसी अप्रिय प्रसंग में 'सच' बोलना उचित नहीं । ऐसे सच को झूठ में बदल दें, जो आपकी दूरियां बढ़ाने वाला सत्य हो।

अमेरिका की प्रसिद्ध लेखिका बारबरा टेलर ब्रेडफोर्ड कहती हैं कि पति-पत्नी कई बार ऐसी बात करते हैं जिससे उन्हें गुस्सा आता है या फड़क कर अर्नगल बोलने लगते है। ऐसे में दोनों में तनावों की स्थित आना स्वाभाविक

है। ये तनाव क्या रूप ले सकते हैं, यह पति-पत्नी के स्वभावों पर निर्भर करता है, लेकिन ऐसी बातचीत को दोहराना बुद्धिमता कतई नहीं।

जैकी कालिन्स, जो कि रोमांस पर कई उपन्यासों की लेखिका हैं, का कथन है कि प्यार के मूड में पति-पत्नी जो भी कहना चाहें, एक-दूसरे से कह डालें। पुरूष और महिलाऐं दोनों ही ऐसे समय में एक दूसरे की सब बातें सुनने के लिए तैयार रहते हैं। कुछ बातों को छिपाकर आप अपने मन में अनावश्यक तनाव और अपराध बोध न स्वीकारें। एक-दूसरे से कहकर अपने आपको हलका अनुभव करें। ध्यान रखें कि आपकी बातचीत किसी प्रकार का बवंडर पैदा करने वाली न हो।

पति-पत्नी में प्यार की यह पारदर्शिता तभी संभव है, जब दोनों एक-दूसरे से सहज भाव से जुड़ें। दोनों एक-दूसरे को विश्वास भरी नजरों से देखें, एक-दूसरे की आंखों में स्वयं को तलाशें।

पति-पत्नी अपने सम्बन्ध में हर बात एक दूसरे को उतनी ही बताएं, जितनी उससे जुड़ने के लिए आवश्यक हो, उससे अधिक नहीं।

कोई गम्भीर बात जिसे छिपाना एक-दूसरे के हित में हो, उसे बता कर भविष्य में उसके प्रति तौबा कर लेने से भी तनाव कम होते हैं, एक-दूसरे में विश्वास और स्नेह की प्रगाढ़ता बढ़ती है। यह आप पर निर्भर करता है कि आप सोचें कि ऐसी बातें कौन-कौन सी हो सकती हैं।

रोजाना की छोटी-छोटी बातों में भी पति-पत्नी के विचार जानें और उनमें एक-दूसरे को शामिल करें। एक दूसरे के झूठ को पकड़ने की कोशिश न करें, बल्कि यह जानकर भी कि कोई झूठ बोल रहा है, चुप रहकर उसका आनंद लें, क्योंकि संवाद स्थापित करने में थोड़ा सा झूठ तो चलता है, लेकिन उसकी मात्रा कहीं भी आटे में नमक से अधिक न हो, ताकि एक-दूसरे के झूठ के पकड़ जाने पर दोनों मिलकर ठहाका मार कर हंस सकें।

पति-पत्नी में विश्वास ही सबसे बड़ी पूंजी है, इसे कहीं भी कम न होने दें। स्वार्थो के व्यवहार में इसमें घाटा होने की पूरी संभावना रहती है, अतः इस प्रकार के व्यवहार का जोखिम न उठाएं।

अपने जीवन में किसी 'तीसरे' का प्रवेश न होने दें, न ही उसके सम्बन्ध में एक-दूसरे के सामने कोई बात करें। इस प्रकार की बातचीत अनावश्यक रूप

से एक-दूसरे के मन में 'शक' के बीज बोती है। समय, अवसर की गंभीरता, व्यक्ति की मानसिकता आदि का ध्यान रखकर बातचीत करें। रोमांस के क्षणों में अपनी हीनताओं का रोना लेकर न बैठ जाएं।

संवादहीनता, व्यवहार, पति-पत्नी में प्यार की तीव्रता को कम करती है, नष्ट करती है। वार्तालाप द्वारा प्यार के संचार की गति को बढ़ाएं।

वार्तालाप की आदत सुखों को बढ़ाने वाली और दुःखों को कम करने वाली सोच है। एक अकेला होता है, दो मिल जाने से ग्यारह की शक्ति बन जाती है। जंगल में भी मंगल हो सकता है।

चुप्पी घुटन-भरा सन्नाटा होता है, जो भय पैदा करता है, जबकि बातचीत आनंद की अनुभूति करती-कराती है। संगीत की मधुरता बातचीत से ही अनुभव की जाती है।

चुप्पी का सन्नाटा घर की खुशियों को डसने वाला होता है। इसे 'हाउस अटैक' की बीमारी भी कह सकते हैं।

पति-पत्नी की बातचीत से बच्चे भी प्रसन्न होते हैं। उनकी बातचीत, किलकारियां घर-आंगन को महकाती हैं, जो पति-पत्नी की उदासी को हरने वाला व्यवहार है।

बातचीत का सिलसिला खत्म हो जाने पर सभी समस्याओं का समाधान अवरूद्ध हो जाता है। उनकी समस्याएं, जिज्ञासाएं, इच्छाएं अधूरी ही रह जाती हैं।

पति-पत्नी संवादहीनता के कारण तनाव के उस बम पर बैठे रहते हैं, जो कभी भी फटकर विस्फोट का रूप ले सकता है और स्थिति भयंकर हो सकती है। हत्या, आत्महत्या, तलाक अथवा हत्या के प्रयास तक हो सकते हैं।

कई दिनों की संवादहीनता पति-पत्नी को इतने तनावों से ग्रसित कर देती है कि वे 'पागल' हो जाते हैं। अपने जीवन को समाप्त कर लेने की सोचने लगते हैं। इस प्रकार की सोच अनेक मानसिक बीमारियों को जन्म देती है।

जिस प्रकार से ठहरे पानी में सड़न पैदा होने लगती है, उसी प्रकार से संवादहीनता पति-पत्नी में तनाव पैदा करने लगती है।

पत्नी से अच्छा वार्तालाप करें

अनेक लोगों का जीवन कटुतापूर्ण है और वे शिकायत करते दिखाई देते हैं। बच्चे माता-पिता से दुखी हैं तो ग्राहक दुकानदार से नाराज हो रहे हैं। मातहत अफसरों से तंग हैं और तो और, आजकल गुरू और शिष्य में भी परस्पर वैमनस्य प्रायः देखने में आता है। इस खींचतान, द्वेष और परस्पर घृणाभाव का कारण मुख्यतः यही है कि लोग वार्तालाप की विधि नहीं जानते। हमारे देश के ड्राइवरों, इक्केवालों, कुलियों, मजदूरों, यात्रियों और क्लर्कों की दैनिक बोलचाल हमारी सभ्यता और संस्कृति का मुंह-बोलता विज्ञापन है। हमारी मानसिक तथा नैतिक गिरावट, स्वार्थ, निदर्यता और ओछेपन का प्रदर्शन है। सर्वसाधारण ही नहीं, हमारे नेताओं के बात करने का ढंग भी बड़ा निराशाजनक है। भारत की विभिन्न जातियों के परस्पर द्वेष का दायित्व बहुत हद तक हमारे नेताओं के बात करने के ढंग पर आधारित है। जब तक हमारे पथ प्रदर्शकों की भाषा में माधुर्य, सौन्दर्य तथा सहृदयता की मिठास नहीं आएगी, हमारा राष्ट्रीय एकीकरण संदिग्ध ही रहेगा।

मानव-हृदय की एक बहुत बड़ी आकांक्षा यह होती है कि वह दूसरों के हृदय पर अपना सिक्का जमाए। प्रत्येक व्यक्ति अपने कारोबार, नौकरी और प्रेम में सफलता का इच्छुक होता है। इस मानव-महत्वाकांक्षा ने बहुत से साधु, फकीर, तांत्रिक और ज्योतिषी पैदा कर दिए हैं। अनेक लोग हाथ देखने वालों के पीछे-पीछे फिरते हैं, भेंट चढ़ाते हैं और ज्योतिषियों से परामर्श लेते हैं। व्यापारी व्यापार की वृद्धि के लिए, स्त्रियां अपने पतियों को काबू में रखने के लिए और नौकर अपने मालिकों को प्रसन्न रखने के लिए चमत्कार की खोज में धन और समय का अपव्यय करते हैं। काश ये लोग जान सकते कि

चमत्कारी शक्तियां स्वयं उनके अन्दर हैं और उनकी सभी शक्तियों में प्रधान बातचीत करने की शक्ति है।

उत्तम वार्तालाप के नियम

निस्सन्देह संसार में बुद्धिमता का भी आदर होता है। सुन्दरता को भी मुंहमांगे दाम मिलते हैं। धन की चमत्कार-शक्ति से भी कोई इनकार नहीं कर सकता है परन्तु जिस व्यक्ति को बात करने का ढंग नहीं आता - जिसके पास कोमल, मधुर एवं सुसंस्कृत शब्दों का भण्डार नहीं, वह अनेक गुणों का स्वामी होते हुए भी दिलों का स्वामी नहीं बन सकता। दिल उसकी मुट्ठी में आ सकते हैं, जिसके शब्दों में मधुरस हो, जिसकी जिव्हा समय और स्थिति की पहचान कर सके और जिसकी बातचीत में दूसरों के लिए आदर भी हो, प्रशंसा भी, नम्रता भी हो और प्रोत्साहन भी, वही व्यक्ति वस्तुत: जादूगर है। उसके मित्र उससे मिलने के लिए उत्सुक रहते हैं। उसके बीवी-बच्चे उसकी बाट जोहते हैं। उसके साथ समय व्यतीत कर आत्मिक आनन्द प्राप्त करते हैं। उसके मातहत उसके इशारों पर चलकर अपने को धन्यभाग मानते हैं। उसकी अनेक कठिनाईयां उसके शब्दों से दूर हो जाती हैं। अनेक बाधाएं स्वयं ही मार्ग छोड़ देती हैं। बहुत-सी आकांक्षाएं स्वयमेव ही पूर्ण हो जाती हैं।

उत्तम वार्तालाप का मुख्य नियम यह है कि अनावश्यक बातों को सर्वथा त्याग दिया जाए। उतनी ही बात की जाए, जितनी आपकी उद्देश्य पूर्ति के लिए पर्याप्त हो। कुछ लोग ऐसे होते हैं कि युद्ध की बातें करते-करते घर की बातें करने लगते हैं। घर की बातों में किसी यात्रा का जिक्र छेड़ देते हैं। एक व्यक्ति के विषय में बात प्रारम्भ होगी और वे चार व्यक्तियों की कहानियां ले बैठेंगे। इस प्रकार के व्यर्थ वार्तालाप का स्वभाव अधिक बातें करने से बनता है।

वार्तालाप जितना लम्बा होगा, उसका प्रभाव उतना ही कम होगा। शेक्सपीयर का कहना है कि 'संक्षिप्तता बुद्धिमता की आत्मा है।' पोप का यह कथन भी सदा ध्यान रखना चाहिए - 'शब्द पत्तितयों के समान हैं और भाव फल के समान ··· जिस वृक्ष पर पत्तियां अधिक हों उसके फल कमजोर होते हैं।'

आवश्यकता से अधिक बातें करने वालों को यह गुमान होने लगता है कि लोग उनकी बातों में दिलचस्पी लेते हैं। वास्तव में यह दिलचस्पी नहीं होती, दिखावा ही होता है। कोई उन्हें टोकना उचित नहीं समझता, अन्यथा मन-ही-मन न जाने लोग उन्हें कैसा मूर्ख समझते हों और घृणा करते हों।

दूसरों की भी सुनें

बातचीत के दो पहलू हैं – हां-हूं करना और सुनना। अच्छे बोलने वालों की भांति हमारे समाज में अच्छे सुनने वाले भी बहुत कम पाए जाते हैं। सुनने वाले के लिए आवश्यक है कि वे शान्ति और धैर्य के साथ अपने साथियो की बात सुन सकें और खामोश रहकर उनकी ओर ध्यान भी दे सकें। अपने व्यवहार से बोलने वाले को यह अनुभव करा सकें कि वे दिलचस्पी के साथ उसकी बात सुन रहे हैं। यदि कोई व्यक्ति बोल रहा हो तो उस समय तक कोई प्रश्न नहीं करना चाहिए, जब तक वह अपनी बात समाप्त न कर ले। कई बार लोग किसी से कुछ प्रश्न करते हैं और वह दूसरा प्रश्न दे मारते हैं या बीच में ही बात काटकर अपनी रामकहानी शुरू कर देते हैं। यह अनुचित है। इससे बात करने वाला यह समझता है कि उसकी बात को महत्व न देकर उसका अपमान किया जा रहा है।

निजी बातों से परहेज रखें

किसी भी सुसंस्कृत सभ्य समाज में अनावश्यक एवं अवांछित प्रश्न करने वाले की आदर की दृष्टि से नहीं देखा जाता। रेल-यात्रा के दौरान ऐसे बुहत से लोग मिलते हैं, जो व्यर्थ प्रश्नों से अपने साथियों की शान्ति भंग करने में कोई झिझक नहीं मानते। वे केवल नाम और जाने का स्थान पूछकर ही सन्तुष्ट नहीं होते – प्रायः परिवार, निवास-स्थान तथा कारोबार-विषयक प्रश्नों की भी बौछार कर देते हैं। वे इस बात की ओर तनिक ध्यान नहीं देते कि प्रत्येक के जीवन में कुछ बातें ऐसी होती हैं, जो वे सर्वसाधारण के सामने बताना पसन्द नहीं करता। इसका फल यह होता है कि ऐसे लोग जहां भी जाते हैं, अपने विरूद्ध घृणा का प्रभाव उत्पन्न कर लेते हैं।

जिस प्रकार यह आवश्यक है कि अन्य व्यक्ति के निजी मामलों की खोज न की जाए उसी प्रकार यह भी आवश्यक है कि बात करने वाला व्यक्ति अनावश्यक ही अपनी बातें न करता रहे। कुछ लोगों का स्वभाव होता है कि जो भी बात करेंगे, उसमें अवश्य ही अपने निजी मामलों को घुसेड़ेंगे। किसी बच्चे की बात हो रही हो तो वे अपने बच्चों की दास्ता ले बैठेंगे। किसी मकान का जिक्र हो तो वह अपने मकान का इतिहास बयान करना प्रारम्भ कर देंगे। किसी के रोग के विषय में बात चल रही हो तो वे अपने घर के किसी व्यक्ति के रोग को बीच में ले आएंगे। चीजों की महंगाई और आर्थिक कठिनाईयों की बात ले बैठेंगे। दूसरे लोगों से उनको कोई दिलचस्पी न होगी। यदि किसी उत्सव में सम्मिलित हुए हों तो उसका जिक्र प्राय: इस ढंग से करेंगे, 'मुझे भी निमन्त्रण मिला। जब मैं वहां पहुंचा तो अमुक सरदार साहिब या राय बहादुर ने अपने स्थान से उठकर मेरे साथ हाथ मिलाया, अमुक पुलिस अफसर ने मुझे अपने पहलू में कुर्सी पेश की····' इत्यादि। ये बातें कहने वाला व्यक्ति यदि झूठ न भी बोलता हो और सब कुछ सत्य ही कह रहा हो तो भी सुनने वालों पर भी अच्छा प्रभाव नहीं पड़ता। बुद्धिमान लोगों ने इसे छिछोरापन कहा है। आप यदि अपने मित्रों के मन में आदर का स्थान पाना चाहते हैं तो आत्मप्रदर्शन से सदा बचें। संसार में योग्यतम व्यक्ति वही हुए हैं, जिन्होंने आत्मप्रशंसा करने की भूल नहीं की।

उत्तम वार्तालाप करने वाला व्यक्ति अपनी किसी भी बात को धार्मिक विश्वास नहीं समझता कि उसमें किसी परिवर्तन या संशोधन की गुंजाइश ही न हो या उसके विरूद्ध कोई मत या दलील सहन न की जा सके। जो लोग अपनी बातों को इस प्रकार अटल सत्य का दर्जा देने वाले होते हैं, वे अपने आस-पास के वातावरण को मधुर और सरस नहीं बना सकते और बातों को छोड़िए, यदि किसी धार्मिक विश्वास को भी व्यक्त कर रहे हों तो भी दूसरों को अपने दृष्टिकोण के पक्ष में दलीलें पेश करने का अधिकार है तथा अपने विचारों को व्यक्त करने का वैसा ही अधिकार है। यदि आप अपनी बातों पर कोई आलोचना अथवा आपेक्ष सहन नहीं कर सकते तो समाज आपके ऊपर संकीर्णता का दोष लगाने के लिए विवश है।

दूसरों की उचित और स्पष्ट दलीलों के बावजूद अपनी बात पर अड़े रहने से वार्तालाप का रस ही नष्ट नहीं होता, मानव-व्यक्तित्व को भी भारी हानि

होती है। हठधर्मी उन्हीं लोगो का स्वभाव हो सकता है, जिसको हीन-भावना का रोग लगा हुआ हो।

वार्तालाप का सबसे अनुचित पहलू यह है कि एक ही व्यक्ति बोलता चला जाए और किसी दूसरे को बोलने का अवसर ही न दे। ऐसा व्यक्ति उपरोक्त रूप से अपने साथियों के अपमान का दोषी है। उसकी बातें सुनने वाले स्वभावत: ही बहुत शीघ्र उब जाते हैं। प्रतिक्रिया-स्वरूप उनक मन में ऐसा हठ पैदा हो जाता है कि उसकी उचित और ठीक बात को भी झूठ और व्यर्थ ही समझते हैं। इस प्रकार स्वयं ही बोलता रहने वाला व्यक्ति दूसरों को कोई लाभ नहीं पहुंचा सकता और किसी की बात वह सुनता नहीं, इसलिए उसके ज्ञान में भी कोई वृद्धि नहीं होती। ऐसे व्यक्ति के जीवन का मनोवैज्ञानिक अध्ययन किया जाए तो पता चलेगा कि वह बहुत ही स्वार्थी है। स्वार्थ घटिया व्यक्तित्व का चिन्ह है।

एक ही बात को दोहराएं नहीं

वार्तालाप करते समय किसी शब्द या वाक्य को बार-बार दोहराने का स्वभाव भी ठीक नहीं । कुछ लोग प्रत्येक वाक्य 'क्या नाम' से प्रारम्भ करते हैं । कई लोग 'मानो' और 'मेरा मतलब यह है कि' कहने के आदी होते हैं । कुछ पांच मिनट की बातचीत में दस बार शपथ या कसम उठाते हैं या बार-बार कोई असभ्य शब्द दोहराएंगे । वार्तालाप कला की दृष्टि से इन सभी बातों से बचना चाहिए । यह स्वभाव इस बात का लक्षण है कि बोलने वाले के मस्तिष्क में कोई न्यूनता है, जिसकी पूर्ति के लिए वह बार-बार व्यर्थ शब्दों का सहारा लेने के लिए विवश हो जाता है । एक शब्द को बार-बार दोहराने का भाषण पर बहुत बुरा प्रभाव पड़ता है । श्रोताओं का ध्यान वास्तविक तत्व की ओर से हटकर इसमें लग जाता है, वे बात नहीं समझ पाते ।

एक सुनहरी नियम है कि वार्तालाप करते समय आस-पास के वातावरण की अवहेलना न की जाए। कई लोग विवाह के अवसर पर शोक की और शोक के अवसर पर विवाह की बातें छेड़ देते हैं। खाना खा रहे होंगे तो अजीर्ण, कब्ज, जुकाम या किसी और घृणित रोग का जिक्र छेड़ देंगे । किसी दावत में जाएंगे तो अपरिचित अतिथियों से बहस में उलझ जाएंगे।

अमेरीका के प्रसिद्ध दार्शनिक डेल कारनेगी ने ऐसे लोगों को चेतावनी देने की दृष्टि से एक दिलचस्प घटना बताई है । उसने लिखा है – 'सर एस० स्मिथ के सम्मान में एक भोज दिया गया । उसमें मैं भी शामिल हुआ । एक व्यक्ति ने बातचीत करते हुए एक कथन उदृत किया और कहा कि यह अंजील में से है । मैं भली भांति जानता था कि वह कथन अंजील का नहीं, शेक्सपीयर का है। मैंने उसका विरोध किया तो वह अपनी बात पर अड़ गया । मेरा एक मित्र, जिसने अपना जीवन शेक्सपीयर के अध्ययन में लगाया था, वहीं बैठा था । उसने मेज के नीचे से मेरी टांग को हिलाया और कहा, तुम्हारा विचार गलत है । यह कथन अंजील में से ही है ।

भोज से लौटते हुए मैंने अपने मित्र से कहा – 'आप तो भली भांति जानते थे कि यह कथन अंजील का नहीं, शेक्सपीयर का है ।' उन्होनें उत्तर दिया– 'निस्सन्देह शेक्सपीयर का ही है; परन्तु हम लोग तो खुशी के अवसर पर एकत्र हुए थे, वाद–विवाद के लिए नहीं । उस व्यक्ति ने हमसे राय नहीं पूछी ओर न ही वह हमसे परामर्श लेना चाहता था, फिर उससे अकारण ही बहस क्यों की जाती ? झगड़ा बढ़ाने से सदा बचना चाहिए।

बहस और विवाद का स्वभाव वैसे तो सभी के लिए बुरा है, परन्तु व्यापारी लोगों के लिए यह विशेष तौर पर हानिकारक है । यूरोप और अमरीका की सभी बड़ी–बड़ी फर्में अपने एजेण्टों और कार्यकर्ताओं को विशेष तौर से इस बात की शिक्षा देती हैं कि वे ग्राहकों से कभी बहस न करें । भारत के प्रत्येक नगर में नब्बे प्रतिशत से भी अधिक दुकानदार ऐसे हैं, जो साधारण से मतभेद पर भी ग्राहक से वाद–विवाद करने के लिए तैयार हो जाते हैं । वे समझते हैं कि ग्राहाकों को बहस में उलझाकर उन्हें अपने माल के गुण समझाए जा सकते हैं । यह बहुत बड़ा भ्रम है । वाद–विवाद द्वारा ग्राहकों का मन–परिवर्तन करना लगभग असम्भव है । किसी भी व्यक्ति को बहस से जीतकर अपने से बात करने वाले की सहानुभूति और प्रेम जीतने की आशा नहीं करनी चाहिए । बहस जितनी लम्बी होगी हठ भी उतना ही बढ़ेगा।

वार्तालाप को रोचक बनाएं

वार्तालाप को रोचक बनाने के लिए इस नियम का भी ध्यान रखना चाहिए कि आपकी बातचीत अन्य व्यक्ति के मानसिक झुकाव, उसकी शिक्षा ओर

उसके स्वभाव के अनुसार हो। काव्य से प्रेम करनेवाले व्यक्ति के सामने निरूक्त और दर्शन की बातें करना भारी भूल है। अमेरीका में एक व्यक्ति बहुत सर्वप्रिय था। उसका यह नियम था कि जब कभी उसके घर कोई अतिथि आनेवाला होता तो वह एक दिन पहले उस विषय का अध्ययन करता, जिसमें उस अतिथि को दिलचस्पी हो।

यदि आपका साथी आपकी बातचीत में दिलचस्पी प्रकट नहीं करता, उसमें उत्सुकता के चिन्ह दिखाई नहीं देते और वह बेदिली से हूं-हां किए जा रहा है तो आपको समझना चाहिए कि आप उसके मन की रूचि से अपरिचित हैं। वार्तालाप-कला में प्रवीण व्यक्ति बातचीत के दौरान सदा अन्य व्यक्ति की भावनाओं उसके संस्कारों का ध्यान रखता हैं। जैसे ही उसको महसूस होता है कि उसकी कोई बात उसके साथी को अरूचिकर लग रही है तो वह उसी समय बातचीत का विषय बदल देता है।

व्यर्थ की आलोचना से बचें

यदि किसी व्यक्ति को अपने जीवन के सुख ओर चैन से प्रेम हो तो उसे चाहिए कि झूठ बोलने से बचे और कभी कोई बात बढ़ा-चढ़ाकर न कहे। चुगली करने, दोष निकालने ओर आलोचना करने की आदत से जहां गहरे-से-गहरे रिश्ते टूट जाते हैं, वहां यह आदत सर्वप्रियता, उन्नति और सफलता की राह में रोड़ा अटकाती है। किसी को इस भ्रम में नहीं रहना चाहिए कि वह अपने साथियों की चुगली करने, अपने अधिकारियों के दोष निकालने ओर अपने मातहतों की आलोचना करने के वावजूद एक अच्छा मित्र, अच्छा कर्मचारी या एक अच्छा अधिकारी बन सकता है। अनेक बार एक मौन दृष्टिपात, सहानुभूतिपूर्ण व्यवहार, किसी एक के साधारण दोष को छिपाने या एकाध प्रशंसात्मक वाक्य से ऐसे काम निकल सकते हैं, जो हजार आलोचनाओं और नसीहतों के बावजूद नहीं निकल सकते। संसार का इतिहास इस प्रकार की घटनाओं से खाली नहीं, जबकि किसी सेनापति के एकाध शब्द मात्र ने पराजय को विजय में परिवर्तित कर दिया।

मैं एक संस्था के अध्यक्ष को जानता हूं। उसके मातहत लगभग एक सौ व्यक्ति काम करते हैं। उसने कभी किसी की आलोचना नहीं की। एक बार

उसके दफ्तर के कुछ क्लर्क तेज आवाज में बातें कर रहे थे। उनका ख्याल था कि वह दफ्तर में नहीं है। उसने जब देखा कि शोर समाप्त नहीं हो रहा ओर उसके काम की हानि हो रही हे तो उसने एक चपरासी के हाथ दैनिक समाचार-पत्र उनके अध्ययन के लिए भेज दिया। क्लर्कों को पता लग गया। उस व्यक्ति के इस प्रशंसनीय एवं बुद्धिमत्तपूर्ण व्यवहार के विषय मे अधिक लिखने की आवश्यकता नहीं।

जब एक व्यक्ति बोल रहा हो तो उसे बीच मे टोकना उचित नहीं । इस नियम को विस्तृत करके ऐसे कहना चाहिए कि जब वह अपनी बात पूरी कर चुके तब भी टोकना उचित नहीं। मान लीजिए, एक व्यक्ति अपने साथियों को कलकत्ता के बारे में बता रहा है। आपके परिचय और ज्ञान के अनुसार चाहे वह गलत ही क्यों न कह रहा हो या उसकी बात अतिशयोक्ति ही क्यों न हो,यह उचित नहीं कि आप उसको झुठलाना शुरू कर दें। स्वभावतः ही उसकी यह इच्छा होगी कि वह अपने आपको सत्य पर प्रमाणित करें वह अपनी बात पर अड़ जाएगा। इससे सम्भव हो सकता है कि आप दोनों में झगड़ा शुरू हो जाए। यदि किसी मजिस्ट्रेट के सामने कोई व्यक्ति घटना को गलत रूप से प्रस्तुत कर रहा हो और आपकी गवाही हो तो आपको पूरा अधिकार है कि उसकी बात को काटें - परन्तु साधारण वार्तालाप में आपका चुप रहना ही उचित है। क्या यह जरूरी है कि आप अनावश्यक तौर पर झगड़े पैदा करके अपने विरोधियों की संख्या बढ़ाएं ?

अपना ज्ञान बढ़ाएं

लॉर्ड चेस्टरफील्ड ने अपने पुत्र के नाम एक पत्र में लिखा था – 'अशिक्षित लोगों का वार्तालाप कोई वार्तालाप नहीं। बातचीत जारी रखने के लिए उनके पास न तो सामग्री होती है और न ही शब्द। अच्छा वार्तालाप उतना ही रोचक हो सकता है, जितना कोई स्वादिष्ट, व्यंजन; और यह गुण बिना ज्ञान और अनुभव के प्राप्त नहीं किया जा सकता।'

उत्तम वार्तालाप करने के इच्छुक व्यक्ति को लॉर्ड के ये शब्द सदा ध्यान में रखने चाहिए। अच्छी-अच्छी पुस्तकों व पत्र-पत्रिकाओं के अध्ययन से हम

अपने ज्ञान, विचार और शब्द भण्डार में बहुत वृद्धि कर सकते हैं। जो व्यक्ति अध्ययन नहीं करता, वह वार्तालाप-कला से भी अनभिज्ञ है। प्रत्येक नवयुवक के पास एक नोटबुक होनी चाहिए। अध्ययन करते समय यदि कोई बात अच्छा सा वाक्य, कोई उपयोगी बात, कोई काव्य पद अथवा कोई सुंदर उक्ति दिखाई दे तो तुरन्त नोट कर लें। यही एक ढंग है जिससे आपका वार्तालाप समृद्ध हो सकता है।

वार्तालाप-सम्बन्धी कुछ संक्षिप्त किन्तु महत्वपूर्ण बिदुंओं पर ध्यान दें -

- बातचीत करते समय स्वर ऊंचा न हो। इससे मनुष्य की जीवनी-शक्ति नष्ट होती है। स्वर इतना धीमा भी न हो कि सुनने वाले को कठिनाई हो।
- किसी बात पर प्रसन्न होकर अपने साथी के हाथ-पर हाथ मारने की आदत को रोकें।
- किसी के घर के सामने या गली के कोने पर खड़े होकर अधिक देर तक बातचीत न करें।
- किसी राह चलते व्यक्ति की ओर उंगली से संकेत न करें
- बोलते समय अपना मुख अपने साथी के इतना निकट न ले जाएं कि उसे आपके श्वास का आना-जाना महसूस हो।
- वार्तालाप के दौरान थूकना, अंगड़ाई लेना या नाक-कान साफ करना असभ्यता की निशानी है।
- जब आपका साथी बोल रहा हो तो उसकी ओर टकटकी बांधकर न देखें। इससे वह अपनी बात खुलकर बताने में हिचकिचाएगा।
- बातचीत करते समय माथे पर बल न पड़ने दें।

सबसे अन्तिम परन्तु सबसे महत्वपूर्ण बात यह है कि 'पहले तोलो और फिर बोलो।' यह कथन आज भी वैसा ही अनुस्मरणीय है, जैसा पूर्व समय में था।

पति-पत्नी बनें समझदार दोस्त

कहते हैं कि पति-पत्नी यदि चाहें, तो एक-दूसरे के सबसे अच्छे मित्र बन सकते हैं। पति-पत्नी के ये मैत्री संबंध परस्पर समझदारी की एक ऐसी सोच है, जो दोनों को न केवल निकट लाती है, बल्कि एक-दूसरे की समस्याओं को भी हल करती है। शादी की सप्तपदी में भी कहा जाता है कि आज से आप दोनों सच्चे मित्र बन गए हैं, संकल्प करें कि आपके मैत्री संबंध सुदृढ़ बनें।

पति-पत्नी के ये अंतरंग संबंध भी प्रारंभ में उन्हें सहज, सरल व्यवहार नहीं करने देते। वे भी आपस में कभी कहीं लज्जा अथवा संकोच का अनुभव करते हैं तो कहीं अति संवेदनशीलता का परिचय देते हुए इतने डरे-डरे से रहते हैं कि स्वयं भी यह नहीं समझ पाते कि वे अपने नए जीवन साथी के साथ कैसा व्यवहार करें। भावनाओं की संवेदनशीलता का यह व्यवहार भी उन्हें न केवल एक-दूसरे के निकट लाता है, बल्कि उन्हें मैत्री भावों से युक्त करता है। इसलिए प्रारंभिक दिनों में दोनों ही ये प्रयास करते हैं कि उनमें सहज, सरल व्यवहार बना रहे, ताकि संबंधों में कहीं कोई दरार न आ जाए।

पति-पत्नी दोनों ही इस अवस्था में एक-दूसरे को अपना अंतरंग मित्र बनाना चाहते हैं। एक ऐसा मित्र, जिससे वे अपने दिल की बात खुलकर कह सकें, अपनी हर तरह की समस्या का समाधान कर सकें। इस प्रकार की सोच और समस्याओं को हल करने का यह व्यवहार जहां उनके मैत्री संबंधों को बढ़ाता है, वहीं उनमें तनाव की स्थिति भी निर्मित नहीं होने देता। यदि पति-पत्नी एक-दूसरे को बहुत अधिक चाहते हैं, सुंदर हैं, एक-दूसरे के सपनो को साकार करने वाले हैं, स्मार्ट और मनपसंद हैं, तो उनमें ये मैत्री संबंध शीघ्र ही सुदृढ़ होकर एक-दूसरे की आंखों में दिखाई देने लगते हैं। दोनों खुलकर अपनी किसी समस्या पर विचार-विमर्श करते हैं, मिल बैठकर ऐसी समस्याओं

को सुलझा लेते हैं। चूंकि अब तक दोनों एक-दूसरे की कमियों-विशेषताओं, इच्छाओं से परिचित हो जाते हैं, इसलिए उनके बीच कोई बात छिपी नहीं रहती। दोनों 'एक ने कही दूजे ने मानी' जैसी सोच अपनाकर समस्याएं हल करते हैं। ऐसी स्थिति में यदि दोनों की सोच में अंतर आ जाए, तो एक-दूसरे की समस्याओं को ही बड़ी समस्या बना सकते हैं, एक-दूसरे की समस्या का मजाक बना सकते हैं। चूंकि पति-पत्नी एक-दूसरे के हमराज होते हैं, इसलिए दोनों आपस में विश्वासपात्र भी होते हैं, यदि वे एक-दूसरे के विश्वासपात्र न बन पाएं, तो खतरनाक भी सिद्ध हो सकते हैं।

यौन संबंधी अनेक समस्याएं कई मनोचिकित्सकों के पास आती हैं, जिनका समाधान केवल पति-पत्नी की सोच होती है। यदि दंपति एक-दूसरे के साथ सहयोग कर, उसे अपने विश्वास में लेकर कदम बढ़ाएं, तो इसका समाधान अपने स्तर पर ही कर सकते हैं।

अनेक घटनाएं हमारे सामाजिक जीवन में रोज घटित होती हैं, जिसमें यह बात खुलकर सामने आ जाती है कि यदि पति-पत्नी के मैत्री संबंधों में कहीं भी किसी तीसरे का प्रवेश हो जाता है, तो परिवार पतन की कहानी बन जाता है। बाहरी किसी दोस्त का घर में प्रवेश एक सीमा से अधिक बिल्कुल नहीं होना चाहिए। यदि पति-पत्नी का मित्र आपकी किसी भी कमजोरी से परिचित हो जाएगा, तो उसका परिणाम अच्छा न निकलेगा। यहां इसका यह अर्थ बिल्कुल नहीं लगाना चाहिए कि मित्रों पर अविश्वास किया जाए। समस्या मित्र की नहीं, पति-पत्नी के संबंधों की है। यदि पत्नी का लगाव ही मित्र की ओर होने लगेगा, तो मित्र क्या करे ? मित्र की इच्छा तो यह होती है कि वह पति-पत्नी दोनों को प्रसन्न और खुश और संतुष्ट देखे। यदि पत्नी अपने पति के बारे में कुछ ऐसी बातें अपने किसी मित्र को बताती है, तो समझ लीजिए कि उसकी आपसे क्या अपेक्षाएं हो सकती हैं ? इसी प्रकार से यदि कोई बाहरी व्यक्ति आपके शयन कक्ष तक पहुंचकर अपनी पत्नी की कुछ कमजोरियों का व्याख्यान आपसे करता है, तो इसका अर्थ भी आपको समझना चाहिए। स्त्रियों से मैत्री संबंधो की जहां भी सीमा से अधिक छूट मिलती है, वे संबंध अपने घातक परिणाम परिवार के सामने रखते हैं। इस विषय में इस सोच को अपनाएं

कि यदि पति-पत्नी एक-दूसरे के अंतरंग मित्र नहीं बन पाते, एक-दूसरे को समझने में कहीं भी उदासीनता अथवा कोताही बरतते हैं, तो वे घर के बाहर ऐसे मित्रों की तलाश में रहते हैं। यह सत्य है कि स्त्रियां पुरूषों से मैत्री संबंध बढ़ाना चाहती हैं और पुरूष स्त्रियों से, इसलिए यह बहुत आवश्यक है कि पति-पत्नी एक-दूसरे के समझदार, अंतरंग मित्र बनें। एक-दूसरे के सवालों के उत्तर अपनी आंखों से दें। इस विषय में इस बात का भी ध्यान रखें कि पति के प्रश्न पत्नी के प्रश्नों से ज्यादा कठिन न हों।

कुछ पति-पत्नी घर में आने वाले मित्रों, सहेलियों के प्रति इतने सशंकित और डरे-डरे रहते हैं कि वे यह बिल्कुल पसंद नहीं करते कि उसकी कोई सहेली अथवा मित्र उसके पति अथवा पत्नी से बात करे, मिले या हंसकर बोले। वास्तव में इसके पीछे भी एक ही तनाव काम करता है कि कहीं अगले का जादू उसके पति या पत्नी पर न चल जाए। जब विवाह के बाद लड़कियां अपने पति के साथ आती-जाती हैं, तो कई सहेलियां कुछ अधिक ही चुहलबाजी करती हैं। यह चुहलबाजी, छेड़छाड़, द्विअर्थी संवाद आदि ही पति-पत्नी के संबंधों पर भारी पड़ने लगते हैं और फिर अनावश्यक रूप से ही तनावों का सिलसिला शुरू हो जाता है। एक बार परिचय हो जाने के बाद जब पति-पत्नी के मित्रों का घर आना-जाना शुरू हो जाता है, तो फिर समस्याएं तो पैदा होती ही हैं। समझदारी तो इसी में हैं कि पति-पत्नी आपसी संबंधों को इतना अधिक सुदृढ़ बनाएं कि तनाव की स्थिति निर्मित ही न हो। आखिर समझौता तो पति-पत्नी को ही करना पड़ता है। चूंकि शादी के बाद लड़के-लड़की का एक अपना घर-संसार होता है, इसलिए उसे अपने इस घर-संसार की धुरी पर ही केंद्रित रहना चाहिए। यही दोनों का परम धर्म होता है।

विवाह के बाद लड़के-लड़की में एक नए जीवन की शुरूआत होती है। विवाह पूर्व के सारे रिश्ते पुराने हो जाते हैं, नए रिश्तों की शुरुआत होती है। पति-पत्नी को चाहिए कि अपने सुखी और समृद्ध जीवन यापन के लिए अपने इस नए रिश्ते को ही अधिक महत्व दें।

अब प्रश्न यह उठता है कि शादी के बाद जब पत्नि पति के मित्रों, सह-कुटुबिंयो को सरलता से, सहज भाव के साथ अपना लेती है, उनका पूरा

मान–सम्मान करती है, तो पति को भी चाहिए कि वह पत्नी की सहेलियों का भी उतना ही मान–सम्मान करे और उन्हें मन से स्वीकारे, लेकिन यहां भी घाटा पत्नी को ही अनुभव होता है। हमारी सामाजिक व्यवस्था ही कुछ ऐसी है कि समाज में पुरुषों से स्त्रियों के मैत्री संबंधों को कभी मान्यता अथवा प्रतिष्ठा नहीं मिली है, न ही उन्हें इस योग्य समझा गया कि इनसे मैत्री संबंधों को बढ़ाया जाए। पुरूष का मन और मत स्त्री के प्रति मैत्री संबंधों को कोई महत्व भी नहीं देता। यदि वह कभी चाहता भी है कि उसके मैत्री संबंध किसी स्त्री से बन जाएं, तो पत्नी इसे फूटी आंख पसन्द नहीं करती। परस्पर मैत्री संबंधों का निर्वाह ही आपको निस्वार्थ भाव से एक–दूसरे को जोड़ता है। आपके दांपत्य संबंध भी दृढ़ता प्राप्त करते हैं। इस विषय में पति–पत्नी जितने ईमानदार रहेंगे, संबंध उतने ही दृढ़ होंगे, निकटता उतनी ही अधिक रहेगी।

समाधान

- पति–पत्नी स्वयं एक–दूसरे के मित्र बनें, मित्रों जैसा व्यवहार करें। एक–दूसरे की भावनाओं को बहुत अंदर तक अनुभव करें।
- घर में आने वाले मित्रों, सहेलियों पर विश्वास करें। इन पुरुष अथवा स्त्री मित्रों को तभी घर के अंदर आने की स्वीकृति दें, जब आप देख लें कि इनकी नजर कैसी है ? इनके मन में क्या है ? ऐसा न हो कि आप भी तनावग्रस्त होकर यह कहने को विवश हो जाएं, 'कहती है मुझे भाभी और बनती है मेरी सौत।'
- हक के साथ जीना सीखें। यदि पति का पुरूष मन कुछ अधिक ही चंचल और आशिक मिजाज है, तो पति की लगाम खींचकर रखें। इस विषय में घर में आने वाली कोई लीला, रमा, शमा आदि कुछ अधिक ही मॉड बनने की सोचे, तो उन्हें तीसरा नेत्र दिखाने में भी संकोच न करें। उन्हें यह भी समझा दें कि उन्हें मूर्ख समझने की कोशिश न करें।
- यदि कभी पुरूष मित्रों अथवा सहेलियों को घर में बुलाना हो, तो सपत्नीक बुलाएं। ऐसे मित्रों के साथ संबंधों का निर्वाह भी उसी पवित्रता के साथ करें।

- सभी के साथ वे चाहे स्त्रियां हो, अथवा पुरुष, एक निश्चित मर्यादित दूरी बनाकर रखें। किसी को भी भावनाओं के साथ खेलने का अवसर न दें। किसी भी पुरूष अथवा महिला को अपने शयन कक्ष में प्रवेश न करने दें। न ही उससे एकांत में मिलें।
- मैत्री संबंधो को सहजता और सरलता के साथ पलने-बढ़ने दें। इससे आपको एक-दूसरे को समझने में सहायता मिलेगी।
- जवान स्त्री अथवा पुरूष मित्र के साथ रात में अकेले सफर न करें, न ही एक कमरे में सोएं, इससे भावनाओं को भड़कने में समय नहीं लगता।
- बचपन के दोस्तों को अधिक महत्व दें, क्योंकि इनमें स्वार्थभाव कम होता है, ये अधिक शुभचिंतक, हितैषी और मददगार होते हैं।
- अच्छा हो यदि आपके मित्र समान आयु, समान आर्थिक और सामाजिक स्तर के तथा समान वैचारिक स्तर के हों। ऐसे मित्र एक-दूसरे की भावनाओं को सरलता से समझ लेते हैं।
- पति-पत्नी में मैत्री भाव इसलिए हमेशा भरे रहते हैं क्योंकि दोनों एक-दूसरे के दिल का दर्द समझते हैं। अच्छा हो, यदि आप आपस में एक-दूसरे के दिल की धड़कनों को सुनें, उसका दर्द समझें।
- सामाजिक जीवन में अथवा कामकाजी जीवन में संपर्क में आने वाले पुरुष अथवा स्त्रियां सामाजिक प्राणी हैं, उन्हें हिंसक पशु न समझें। वास्तव में प्रत्येक स्त्री अथवा पुरुष की अपनी-अपनी प्रतिष्ठा होती है। उन्हें अपनी इस प्रतिष्ठा को कभी भी दांव पर नहीं लगाना चाहिए।

शिष्टाचार उन्नति में सहायक

शेक्सपीयर ने लिखा है – 'शिष्टाचार द्वारा कोई भी व्यक्ति संसार में अपनी उन्नति कर सकता है।'

'आपको क्या चाहिए ? आपको जो कुछ भी चाहिए, उसे आप अपनी मुस्कुराहट से प्राप्त कर सकते हैं, तलवार के बल पर नहीं।'

मैथ्यू आर्नल्ड ने लिखा है - 'जीवन का तीन-चौथाई आधार अच्छा चाल-चलन है।'

आंधी ने अपनी छोटी बहन मन्द वायु की ओर देखा। वह उसे असहाय-सी जानकर मुस्कराई। थोड़ी देर बाद वह बोली – 'क्या तुम मेरी तरह शक्तिसम्पन्न नहीं बनना चाहतीं ?

कुछ उत्तर न पाकर वह फिर बोली– 'देखो, जिस समय मैं उठती हूं तो दूर-दूर तक लोग मेरे तीव्र वेग से भयभीत होकर मेरे आने का समाचार न जाने कहां-कहां तक फैला देते हैं। बड़े-बड़े जहाजों को मैं तिनकों की तरह तोड़कर फेंक देती हूं। समुद्र के जल से ऐसी किलोल करती हूं कि पानी की भारी-से भारी लहरों को पर्वत की ऊंची चोटियों से भी ऊंचा उछाल देती हूं। समुद्र का किनारा विनाश-लीला का दृश्य उपस्थित करता है। मेरा नाम सुनते ही लोग घरों में घुस जाते हैं। परन्तु मैं मकानों को भी झकझोर डालती हूँ। मैं भारी वृक्षों को भी उखाड़ फेंकती हूँ, तब पशु-पक्षी भी अपनी जान बचाने के लिए आश्रय ढूंढने लगते हैं। मेरी क्रूर सांस से राष्ट्र-के-राष्ट्र खाक में मिल जाते हैं। क्या कभी तुम्हें इच्छा नहीं होती कि तुम भी मेरे समान शक्तिशाली बनो ?'

मन्द वायु ने हल्की सी मुस्कुराहट के साथ अपना चेहरा ऊपर उठाया और बिना कुछ उत्तर दिये ही अपनी यात्रा पर निकल पड़ी। उसे आते देख नदिंया,

ताल-तलैया, खेत और जंगल सभी मुस्कुराने लगे, रंग-बिरंगे फूलों का कालीन सा बिछ गया, चारों ओर के वातावरण में मन-भावन महक हिलोरे लेने लगी। भौंरे गुंजाने लगे। लता-कुंजो में पक्षी चहचहाने लगे। चारों ओर ऐसा प्रतीत होने लगा, मानो चैन की वंशी बज रही हो। सभी का जीवन सुखदायी प्रतीत होने लगा। इस प्रकार मन्द वायु ने अपनी शक्ति का परिचय तीव्र वेग वाली आंधी को करा दिया।

नम्र होना बहुत ही महान गुण है। अनेक व्यक्ति इस संसार में जो काम स्त्री के सौन्दर्य से निकालते हैं, वही काम अकेली नम्रता भी करके दिखा सकती है। उसका तत्काल प्रभाव पड़ता है।

जो व्यक्ति हंसमुख और प्रसन्नचित्त रहता है, वही दूसरों के साथ शिष्टाचार से व्यवहार कर सकता है। ऐसा व्यक्ति संसार के किसी भी कोने में जा सकता है। वह यदि झोपड़ी में भी ठहरेगा तो वहां भी आनन्द की लहरें बिखेर देगा। जिस समाज में भी जाएगा, वहीं का रत्न हो जाएगा। वह जिस राष्ट्र में भी चला जाएगा, वहीं अपने को धन्य मानने लगेगा। जो इस दुख-दर्द भरे विश्व में क्षण भर के लिए भी दूसरों को आनन्द दे सकता है, उसका आदर-सत्कार कौन नहीं करेगा?

कहा जाता है कि प्रसिद्ध उपन्यासकार चार्ल्स डिकेन्स जब कमरे में घुसता था तो ऐसा प्रतीत होता था, मानो अचानक आग जल उठी हो। एक विशिष्ट प्रकार का आलोक फैल जाता था। उसी प्रकार जर्मन महाकवि गेटे जब किसी होटल में प्रवेश करता था तो वहां उपस्थित व्यक्ति खाना छोड़कर निहारने लगते और हर्ष से भर उठते।

जूलियन राल्फ काम करने के बाद रात को लगभग दो बजे लौटा और किवाड़ खटखटाने लगा। थोड़ी देरी में वह देखता है कि अमेरिका के राष्ट्रपति ने आकर द्वार खोला और पूछा, 'कहो कुशल से तो हो' ?

जूलियन ने क्षमा मांगी। इस पर राष्ट्रपति महोदय बोले - 'यदि मैं न आता तो तुम्हें सारी रात बाहर ही पड़े रहना पड़ता। मेरे अतिरिक्त मकान में इस समय कोई भी नहीं है। नौकर है तो सही, उसे भेज भी सकता था, पर वह सो रहा था। मैंने उसे सोते से जगाना ठीक नहीं समझा।'

नेपोलियन का जोसेफीन से विवाह हो गया। यह बात बहुत ही सौभाग्यप्रद सिद्ध हुई। यह महिला बड़े विशाल हृदयवाली थी और अद्‌भुत शक्तिसम्पन्न थी। नेपोलियन के एक दर्जन सेवक जो काम न कर पाते, उसे जोसेफीन अपनी मुस्कुराहटों से कर देती थी। जिस प्रकार नेपोलियन युद्धक्षेत्र में वीरता दिखाता था, उसी प्रकार जोसेफीन समाज में वीरता दिखाती थी।

शारीरिक सुन्दरता की कमी को शिष्टाचार से दूर किया जा सकता है। सर्वाधिक सुन्दर व्यक्ति वही है जो अपने शिष्टाचार द्वारा दूसरे लोगों पर विजय प्राप्त कर लेता है। शिष्टाचार रहित सौन्दर्य का कोई मूल्य नहीं। शिष्टाचार नहीं, प्रेम नहीं, दया, सन्तोष और सहृदयता नहीं – तो ऐसे सौन्दर्य को दूर से ही प्रणाम। उस समय वह केवल देखने की चीज रह जाती है, व्यवहार की नहीं।

शिक्षित मानव के चरित्र और जीवन में एक विशेष सौन्दर्य विद्यमान रहता है। हम दूसरे व्यक्तियों की भलाई करते हैं, परन्तु भलाई करने का ढंग हमें ज्ञात नहीं होता, इसलिए उससे हमें अलौकिक आनन्द की प्राप्ति नहीं होती।

किसी कुत्ते के सामने हड्‌डी का एक टुकड़ा फेंक दीजिए। वह उसे उठाकर आप पर नजरें डाले बिना एक ओर चला जाएगा। इसके विपरीत यदि हड्‌डी के बजाय कुत्ते को रोटी का टुकड़ा देंगे और उसे अपने पास बुलाकर उसके सिर पर हाथ फेरेंगे तो वह बड़े प्रेम से पूंछ हिलाकर आपके प्रति कृतज्ञता प्रकट करेगा। इससे यही प्रकट होता है कि एक पशु भी मनुष्य के शिष्टाचार पूर्ण व्यवहार को समझता है। यदि आप अपने अच्छे कार्यों को यो ही फेंक देंगे तो उनसे लाभ उठाने वाले व्यक्तियों के चेहरों पर धान्यवाद-भरी मुस्कुराहट का भी न पता चलेगा और वे हर्ष से पफ्रुल्लित भी न होंगे।

सुशील होना अपने आपमें एक उत्तम सम्पदा का स्वामी होना है। सदाचारी और शिष्टाचारयुक्त व्यक्ति बिना पैसे के ही सारे संसार की यात्रा सहजता से कर सकते हैं। वे जहां भी जाएंगे, उन्हें सबके द्वार खुले हुए मिलेंगे। वे खरीदे बिना ही सब श्रेष्ठ पदार्थों और वस्तुओं का आनन्द लूटते हैं। जिस प्रकार सूर्य का उजाला सब जगह पहुंचता है, उसी प्रकार प्रत्येक घर उनके स्वागत को तत्पर मिलता है। ऐसा हो भी क्यों नहीं ? वस्तुत: वे भी तो सब जगह एक विशेष प्रकार का उजाला,

शिष्टाचार का प्रकाश और आनन्द लेकर ही जाते हैं। वे लोग सबकी भलाई चाहते हैं और ईर्ष्या और द्वेष का समूल नाश कर देते हैं।

क्या आपको ज्ञात नहीं कि शहद से लिपटे व्यक्ति को मधुमक्खियां नहीं काटतीं ?

सभ्य और सुजान व्यक्ति अपने हृदय में कभी भी ऐसे दुर्गुणों को स्थान नहीं देते, जिससे दूसरों का विकास रुके और उनके सुख में बाधा पहुंचे। ऐसे व्यक्ति ईर्ष्या, द्वेष और बदला लेने की प्रवृत्तियों को दूर से ही नमस्कार कर देते हैं, अपने पास नहीं आने देते। शिष्टाचार को समझने वाले व्यक्ति का हृदय विशाल होता है। वह उदारता से पूर्ण होता है और सदा दूसरों के हित की बात सोचता है।

परन्तु इस संसार में कुछ ऐसे व्यक्ति भी होते हैं, जो अपने परिजनों और सेवकों को बात-बात पर झिड़का और डांटा करते हैं। ऐसे लोग स्वभावत: चिड़चिड़े होते हैं, पर यदि उनसे अचानक कोई मिलने आता है तो वे बड़े निरीह और सीधे-सादे से बनकर उससे मिलते हैं। उस समय ऐसा प्रतीत होता है जैसे वे कभी क्रुद्ध ही नहीं होते। उस समय वे बहुत ही नम्रता से पेश आते हैं, बहुत उदार बन जाते हैं, परन्तु उस अभ्यागत के जाते ही उनके व्यवहार में पहले की सी उदासीनता, रूखापन और दुष्टता आ जाती है।

एक दिन गोल्डस्मिथ एक दावत में जॉनसन के साथ ही बैठे हुए थे। गोल्डस्मिथ ने जॉनसन से अमेरिका के मूल इण्डियन लोगों के बारे में कुछ जानना चाहा। इस पर जॉनसन ने उत्तर दिया- 'सारे उत्तरी अमेरिका में कोई भी ऐसा महामूर्ख व्यक्ति नहीं, जो ऐसा बेहूदा प्रश्न पूछे।'

निश्चय ही गोल्डस्मिथ को बहुत बुरा लगा, फिर भी उस विद्वान व्यक्ति ने नम्रतापूर्वक कहा- 'महोदय, एक भले व्यक्ति के साथ इस तरह बातचीत करने वाला अशिष्ट व गंवार व्यक्ति भी सारे अमेरिका में दूसरा न होगा।'

बाईस-तेईस सौ वर्ष पूर्व अरस्तू ने भद्र पुरुष की परिभाषा करते हुए लिखा था - 'वह गम्भीर हृदय का व्यक्ति अच्छे और बुरे समय में सदा सादगीपूर्ण व्यवहार करता है। वह न तो अपनी प्रशंसा करना चाहता है और नीच तथा बुरा भी नहीं कहलाना चाहता। वह न सफलता से अत्यधिक प्रसन्न होता है और न ही विफल होने पर दुखी होता है। वह गन्दी बातों का पक्ष नहीं लेता और न

ही उनकी खोज करता है। वह कभी अपने और दूसरों के विषय में बात नहीं करता। उसे इस बात की कभी चिन्ता नहीं रहती कि दूसरे व्यक्ति उसकी प्रशंसा करें और न वह दूसरों को कभी दोषी ठहराता है।'

एक सभ्य व्यक्ति सदा सभ्य ही रहेगा। उसमें शील की कमी कभी नहीं आती। वह तो सदा चमकदार हीरे की तरह चमकता रहता है। वह भीतर से और बाहर से एक सा ही रहता है। वह सदा नम्रता से युक्त होगा, साथ ही वह दयालु और शिष्ट भी होगा। दूसरों की बुरी बातों की ओर उसकी दृष्टि नहीं जाती। वह कभी भी किसी का अनिष्ट नहीं चाहता, वह ऐसा विचार ही नही करता। उसकी इच्छाएं उसके वश में रहती हैं और वह शिष्ट होती हैं। उसका अपनी भावनाओं पर काबू होता है और उसकी वाणी सदा उसके वश में रहती है। वह सभी को अपने समान भद्र और शिष्ट समझता है।

किसी व्यक्ति के लिए शिष्टाचार से होने वाले लाभ का अनुमान लगाना बहुत कठिन है। शिष्टाचार से ही हम प्रसन्न अथवा खिन्न होते हैं। वही हमें ऊपर उठाता और नीचे गिराता है। उसी के कारण हम जंगली अथवा सभ्य कहलाते हैं। जिस प्रकार वायुमण्डल का सब पर प्रभाव पड़ता है, उसी प्रकार शिष्टाचार का हम और आसपास रहने वाले पड़ोसियों पर भी पड़ता है। बहुत शक्ति लगाने पर भी जो काम नहीं होता, वह शिष्टाचार के द्वारा सहज ही हो जाता है। साज की सुन्दर परम्परा को व्यवस्थित करने के लिए प्रसन्नमुख शिष्टाचार-रूपी शासक की आवश्यकता होती है। समाज के सब कलह उससे दूर हो जाते हैं और सब एक-दूसरे को अपना समझने लगते हैं।

नम्रता और शिष्टाचार से कभी-कभी अनजाने ही ऐसा प्रभाव भी पड़ता है कि उससे आर्थिक लाभ भी हो जाता है।

एक व्यापारी रात के समय अपनी दुकान बन्द करके घर जा रहा था। इतने में एक लड़की भागते-भागते धागा लेने आई। व्यापारी तुरन्त लौटा, उसने दुकान खोली और लड़की को धागा दिया। इस छोटी-सी घटना से गांव-भर में उस व्यापारी का नाम प्रसिद्ध हो गया और उसकी बिक्री इतनी बढ़ गई कि देखते-ही-देखते वह काफी धनी हो गया।

एक निर्धन पादरी ने देखा कि कुछ शरारती लड़के दो बूढ़ी स्त्रियों को

उनके सिर्फ पुराने ढंग के पहनावे के कारण तंग कर रहे हैं, उनकी हंसी उड़ा रहे हैं और छेड़खानी कर रहे हैं। स्त्रियां डर रही थीं कि यदि वे पास के चर्च में गई तो कहीं वहां भी वैसा ही व्यवहार न हो। पादरी ने यह देखा तो वह आगे बढ़ा और वहां बिठा दिया। पादरी का उन स्त्रियों से कोई परिचय नहीं था। वे स्त्रियां पादरी के व्यवहार से बहुत प्रसन्न हुई ओर अनेक प्रकार से समय-समय पर उसकी सहायता और प्रशंसा करती रहीं।

दो व्यापारी एक ही मार्केट में काम करते हैं। दोनों ही कष्ट उठाते हैं, मेहनत करते हैं, परन्तु उनमें से एक व्यापारी बड़ा भला आदमी है, सबसे नम्रता से पेश आता है, ग्राहकों की पूरी तसल्ली करता है। दूसरा जरा-जरा सी बात पर बिगड़ जाता है, ग्राहकों से अभद्र व्यवहार भी कर बैठता है। परिणाम यह हुआ है कि नम्रता से व्यवहार करने वाले का व्यापार बढ़ता गया और दूसरा अपने व्यापार को ठप्प होता देख हाथ मलता रह गया।

यदि व्यक्ति ईमानदार है, परिश्रमी है, परन्तु उसका व्यवहार अभद्र है तो बड़े से बड़ा सदगुण भी बेकार हो जाता है। इसके विपरीत यदि व्यक्ति में शिष्टाचार है तो अन्य दोषों के रहते हुए भी उसका आदर होता है और उसे काम भी मिलता है।

कुछ बिन्दु दाम्पत्य में शिष्टाचार के

- जीवनसाथी के प्रति सम्माजनक रवैया अख्तयार करें ।
- सबके सामने उन्हें भला-बुरा ना कहें ।
- उनके गुणों और रचनात्मक प्रतिभा को उभारने में मदद करें ।
- अपने जीवनसाथी के व्यक्तित्व को निखारने संवारने में आपकी सक्रिय और अहम भूमिका हो सकती है ।
- आप समय-समय पर उन्हें बताएं कि उन पर किस तरह की पोषाक है। उन्हें कैसा मेकअप और हेयर स्टाइल अपनाना चाहिए।
- अगर आपके जीवनसाथी के व्यक्तित्व में कोई कमी है, तो उसे सामने लाना आपका दायित्व है ।
- पसीने की दुर्गन्ध आना, मुंह में बदबू आना, उनका जोर से हंसना या अन्य खामियों को बिना उनका दिल दुखाए अच्छी तरह से बताएं ।
- अपने जीवनसाथी के मूड को समझें और उसके हिसाब से चलें । जैसे अगर आपके पति किसी दफ्तर की बात को लेकर परेशान हैं, तो उस दिन उनसे टी०वी० फिल्म देखने की जिद ना करें।
- हरेक व्यक्ति के अपने शोक और पसन्द-नापसन्द होती है। आपके जीवनसाथी की भी होंगी, अपने को उनके अनुसार ढालें और उनकी पसन्द नापसन्द का सम्मान करें। संवेदनशील बनें ।
- समाजसेवा में अपनी रूचि विकसित करें।
- बच्चों-बुजुर्गों के लिए बनी संस्थाओं से जुड़े।
- पशु-पक्षियों के प्रति सहानुभूतिपूर्ण रवैया अपनाएं।
- बस-ट्रेन आदि में सफर करते समय बुजुर्गों, बच्चों, विकलांगों और

गर्भवती स्त्रियों का ख्याल रखें । जरूरत पड़ने पर उनकी मदद के लिए तत्पर रहें।

- गाड़ी चलाते समय तेज चला कर ओवर टैक करने से बचे ।
- गाड़ी में तेज संगीत लगा कर ना चलें । इससे राह चलते लोगों को तो तकलीफ होती ही है, हो सकता है कि आप भी पीछे से बजते हार्न आदि को ना सुन सकें ।
- स्कूल कॉलिज, अस्पताल या आवासीय कॉलोनी के आसपास तेज हार्न ना बजाएं। पडोसियों ओर दफ्तर में सहयोगियों से अच्छे सम्बन्ध बना कर रखें ताकि वक्त जरूरत पर एक–दसूरे के साथ काम आ सकें ।
- अगर आप अमीर हैं तो अपनी अमीरी पर घमण्ड ना करें। वक्त पड़ने पर पैसा नहीं, लोगों की सहृदयता काम आती है ।
- पुराने कपड़ों से बदलकर बर्तन लेने की जगह उन्हे किसी जरूरतमन्द को दे दें ।
- देश में आने वाली प्राकृतिक या सैन्य आपदा में देशवासियों के साथ जुडें और हरसम्भव मदद करें ।

प्रकृति का आनन्द लें

- सूर्य की पहली किरणों को देखें, आपके दिन की शुरूआत अच्छी होगी ।
- सुबह की सैर तन–मन को स्फूर्ति से भर देती है । नियमित रूप से पति के साथ सैर को जाएं ।
- ओस बूंदों, हरियाली और सुबह की ठंडक या भरपूर मजा लें, इससे व्यक्तित्व में ठहराव आता है ।
- साल में कम से कम एक बार सपरिवार पहाड़ों या समन्दर किनारे घूमने जाएं । इससे रोजमर्रा के रूटीन से राहत मिलती है ।
- चांदनी रातों की खूबसूरती का आनन्द लें । खाने के बाद पति के साथ टहलने निकलें ।

- घर पर फूलों और खूबसूरत पौधों के गमले लगाएं ।
- नियमित रूप से घर में फूलों के गुलदस्तें सजाएं ।

सदुपयोग

- घर में फालतू पड़ी चीजों का सदुपयोग करें।
- पुरानी साड़ी-चादर आदि से आप परदें, पायदान, सोफा कवर आदि बना सकती हैं।
- फिजूलखर्ची ना करके पैसे बैंक में जमा करें ।
- कोई भी चीज खरीदने से पहले पता कर लें कि वह कहां अच्छी और टिकाऊ मिलेगी।
- अपनी रूचियां और शौक विकसित करें, ताकि समय का सदुपयोग हो सकें ।
- बच्चों को टयूशन लगवाने की जगह खुद पढ़ाऐं ।
- उनके लिए कपड़े सिलें या स्वेटर बुनें। आपकी बनाई चीजों में ममता की गर्माहट होगी ।

दूरी भी बढ़ाए मधुरता

पति-पत्नी के संबंधों में मधुरता लाने के लिए दोनों को एक-दूसरे से कुछ समय तक अलग रहने की जरूरत रहती है। यह समय बहुत अधिक नहीं होना चाहिए क्योंकि यह अलगाव अगर अधिक दिनों का होगा, तो वे अन्य लोगों के प्रति आकर्षित होंगे और उनके संबंध अन्य पुरूषों अथवा स्त्रियों से होने लगेंगे। अधिक समय तक दूर रहने से भी पति-पत्नी के संबंधों में शिथिलता आ जाएगी। इसलिए पति-पत्नी यदि थोड़े-थोड़े समय के बाद मिलते हैं, तो उनमें आकर्षण, लगाव और आसक्ति भाव बना रहता है।

आजकल ऐसे पति-पत्नी की संख्या लगातार बढ़ती जा रही है, जो अलग-अलग शहरों में रहने के लिए विवश होते हैं। कामकाज के सिलसिले में या फिर अलग-अलग शहरों में नौकरी के कारण पति-पत्नी कई-कई दिनों तक अलग रहते हैं। स्थान की यह दूरी कभी-कभी दोनों के संबंधों में इतनी दूरियां बढ़ा देती हैं कि यह तनाव बनकर उन्हें झेलनी पड़ती है। पति-पत्नी में इस प्रकार की महीने-दो महीने के बाद की मुलाकात कभी-कभी घातक सिद्ध होती है, क्योंकि ऐसे क्षणों में पति-पत्नी एक-दूसरे की भावनाओं को नहीं समझ पाते।

जब पति-पत्नी अकेले रहते हैं, तो उन्हें अपने-अपने दायित्वों को पूरा करने में जो कठिनाइयां आती हैं, उनका सामना उन्हें अकेले ही करना पड़ता हैं। ऐसे में लोग पति-पत्नी से यह अपेक्षा करते हें कि दोनों में से कोई भी एक नौकरी छोड़ दे, जबकि अपने-अपने अहं के कारण कोई भी नौकरी छोड़ना नहीं चाहता। पति के बार-बार के तबादले से भी समस्या हल नहीं होती, क्योंकि व्यवस्थित जीवन में व्यवधान तो पैदा हेाता ही हैं। इसी तरह जो पति सेना में काम करते हैं, उन्हें भी अपनी पत्नी से दूर रहना ही पड़ता है।

मनोवैज्ञानिकों का मानना है कि ज्यादा वक्त तक दूरी किसी भी संबंध में सहजता को खो देती है। कोई भी दो व्यक्ति हमेशा स्वभाव से अलग होते हैं और यह सच पति-पत्नी पर भी लागू होता है। पति-पत्नी एक दूसरे के प्रति चाहे कितने भी समर्पित हों, लेकिन कहीं न कहीं एक दूसरे के प्रति बेवफा हो सकते हैं । पति-पत्नी में इस बात का भय हमेशा बना रहता है कि उनमें कहीं भी मजबूती के लिए सबसे अधिक जरूरी है, संवाद । जहां तक संभव हो, एक-दूसरे से संवादों का यह सिलसिला बनाए रखें । वह चाहे फोन से हो अथवा पत्र द्वारा । प्रसिद्ध नृत्यांगना शोभना नारायण और उनके विदेशी पति ने दूरी के दिनों में संवाद बनाए रखनें का एक मजेदार तरीका ढूंढ निकाला था। वे अपने मन की बातों को एक कैसेट में भर एक दूसरे के पास भेजा करते थे।

इस तरह के अलगाव को लाभदायक कैसे बनाएं कि हम दिमागी तौर पर मजबूत बनें ? इसके लिए आवश्यक है कि पति पत्नी साल दो साल के लिए, या महीने दो महीने के लिए कहीं बाहर घूमने फिरने निकल जाए, इस प्रकार की दूरी के बीच संवाद स्थापित करें । दोनों एक दूसरे को बड़े-बड़े पत्र लिखें । अलगाव की इस अवधि में हमेशा एक दूसरे के प्रति सकारात्मक सोच अपनाएं और बीती बातों को याद कर-करके हंसे, खूब हंसे, अपनी इस हंसी को पत्रों में बिखेरें।

मनोविश्लेषको का मत है कि पति-पत्नी ही नहीं, कोई भी रिश्तेदार, जिससे आप स्थायी सम्बन्ध अथवा मैत्री भाव बनाए रखना चाहते है, उसमें पत्रों द्वारा संवाद स्थापित करें । भले ही पत्र में सारी इधर-उधर की बातें लिखी हों, वे अपनी सार्थकता आप बना लेंगी। अपना अलगाव, अकेलापन और दूरियों को नजदीकियों में बदलने का यह सबसे सरल और कारगर उपाय है। पत्र चाहे पत्नी को लिखें या पति को, बेटी को लिखें या पिता को यह तनाव कम करने का एक सरल उपाय है।

जब दंपति साथ-साथ रहते हैं, तो एक-दूसरे को प्रतिदिन देखने की आदत बन जाती है । घर का वातावरण चाहे जैसा भी हो, पति-पत्नी एक दूसरे को उसी निगाह से देखते हैं । कभी कभी साथ रहने में एक दूसरे का महत्व भी कम आंकने लगते हैं । इस प्रकार की कमी एक दूसरे में तनाव का कारण बन सकती

है । यदि दोनों के बीच पांच सात दिन की दूरियों का अलगाव पैदा होने लगता है, तो एक दूसरे के महत्व का अहसास दोनों को होता है। एक-दूसरे की कमी अखरने लगती है। एक-दूसरे की दूरी पर पेदा हुई मीठी-सी कसक एक-दूसरे के महत्व को बताने लगती हैं इस प्रकार यह दूरी अलगाव, उनके मन में पैदा हुआ आकर्षण ही मिलन होने का प्यार बनकर उमड़ेगा और प्यार के बंधन और अधिक मजबूत बनेंगे।

समाधान-

1. थोड़े समय का यह अलगाव पति-पत्नी के प्यार की प्रगाढ़ता को बढ़ाता है । इसलिए जब भी अवसर मिले, थोड़े दिनों के इस अलगाव को सहन करें, बल्कि इस प्रकार के अलगाव को खुले मन से स्वीकारें ।
2. दोनों एक दूसरे के महत्व को समझते हैं और उनमें समर्पित भावना विकसित होती है । एक दूसरे के लिए आंखों में ललक पैदा होती है । पति-पत्नी भीड़ में एक-दूसरे को ही तलाशते हैं ।
3. कुछ समय का अलगाव एक-दूसरे को अपना-अपना मूल्यांकन करने का अवसर प्रदान करता है । एक दूसरे के महत्व को आंकने का सबसे अच्छा कोई अवसर नहीं होता है । इसलिए पति-पत्नी को जान बूझकर कुछ दिनों के लिए इस प्रकार के अलगाव को स्वीकारना चाहिए । अपनी गलत आदतों का आदमी तो तब प्रकार को स्वीकाराना चाहिए । अपनी गलत आदतों का आदमी को तब अहसास होता है, जब उसे छिपाने वाला कोई न हो । ऐसी आदतें शीघ्र ही दोष बनकर उभरने लगती है, जो हीनता का कारण बनती है ।
4. एक साथ रहते रहते पति-पत्नी एक दूसरे की इच्छाओं, आवश्यकताओं, भावनाओं की कद्र भी नहीं करते । वैसे भी आदमी अपने कार्यों, व्यवहारों में कुछ परिवर्तन चाहता है । कुछ दिनों का यह अलगाव आदमी की इस इच्छा की पूर्ति करता है । वास्तव में यह अलगाव एक ऐसा मनोवैज्ञानिक व्यवहार है, जो स्वयं प्रकृति ने मनुष्य के हित में बनाया है ।

5. कुछ दिनों के इस प्रकार के अलगाव से एक दूसरे की अच्छाइयां उभर कर सामने आने लगती है ।
6. इसलिए पति-पत्नी के रूप में अपने दांपत्य सम्बन्धों को निरन्तर बनाए रखने के लिए एक छोटा सा ब्रेक अवश्य लें।
7. विरह और प्रेम एक-दूसरे के पूरक हैं । विरह के साथ ही प्रेम बढ़ता है, विरह में ही प्रेम पकता है एवं विरह प्रेम की तीव्रता को भी बढ़ाता है ।
8. अलगाव के इस व्यवहार में दोनों की सकारात्मक सोच भी आवश्यक है, ताकि विरह के इन दोनों में जुड़ाव बना रहे ।

व्यस्तता अभिशाप न बने

काम ही काम । क्यों नहीं लेते पिया प्यार का नाम ..... ।'' यह फिल्मी गीत भले ही आपने कभी ध्यान से न सुना हो, लेकिन इस गीत में पत्नी ने मन की पीड़ा को बड़ी सरल भाषा में व्यक्त करने के प्रयास किए गए हैं । कुछ पति तो पत्नी की इन भावनाओं को शीघ्र ही सहज भाव में समझ जाते हैं और अपनी व्यस्तता भरी दिनचर्या में से कुछ क्षण पत्नी के लिए अवश्य निकाल लेते हैं, लेकिन ऐसे अनाड़ी पति भी बहुत हैं, जो न तो इन भावों को ही समझते हैं और न पत्नी के अन्दरूनी इशारों को । ऐसे पति-पत्नी में सुबह-सुबह ही महाभारत छिड़ जाता है और फिर मोहल्ले-पड़ोस के लोग पति-पत्नी की जली कटी सुन सुनकर मनोरंजन करते हैं । वास्तव में पति-पत्नी एक-दूसरे की व्यस्तताओं को किस प्रकार से पानी पी-पीकर कोसते हैं और एक दूसरे पर आरोप-प्रत्यारोप लगाते हैं, यह किसी एक घर की कहानी नहीं है, बल्कि उच्च मध्यवर्गीय परिवार में हर घर की कहानी है । पैसा कमाने की हवस ने पति की सोच को इतना अधिक प्रभावित किया है कि यदि उनका बस चलें, तो वे रात को भी काम ही करते हैं, जबकि इस प्रकार की व्यस्तता पत्नी को फूटी आंख नहीं सुहाती । यही कारण है कि पति-पत्नी में आए दिन मनमुटाव होता रहता है और परस्पर अपेक्षाओं का रोना पाया जाता है जिससे पति-पत्नी में न केवल तनाव बढ़ रहे हैं, बल्कि अन्य प्रकार की मानसिक विकृतियों, जैसे परस्पर अविश्वास, वैमनस्य, क्रोध, कटुता, खीझ, कुंठा बढ़ने लगी है । जो अपनी चरम सीमा पर पहुंच कर मानसिक रोगों के रूप में प्रकट होने लगे हैं । दांपत्य जीवन में सरसता को सुखाने वाले ये कैक्टस ही तनाव बन कर प्रकट होते हैं। अतः पति-पत्नी इस व्यस्तता को सरल भाव से स्वीकारें । इस विषय में

व्यावहारिक सोच अपनाएं। पत्नी यदि कामकाजी है, जो उसकी व्यस्तता का मूल्यांकन अपने स्तर पर करें । यह भी जानें कि पत्नी को कामकाजी होने के कारण परिवार में ही दोहरी भूमिका का निर्वाह करना पड़ता है । पति-पत्नी एक दूसरे की व्यस्तता को यदि गुण के रूप में देखें तो यह व्यस्तता ही आपको एक विशेषता के रूप में दिखाई देगी, जो उनमें तनाव नहीं सरसता प्रदान करेगी और उनके सम्बन्धों में सरसता के नए स्रोत पैदा होने लगेंगे। पति-पत्नी एक दूसरे की व्यस्तता को कोसने के स्थान पर घर के प्रति अपनी-अपनी जिम्मेदारी समझें। बच्चों में भी यह आदत डालें कि वे घर के कामों में एक-दूसरे का सहयोग करें, भले ही उन्हें घर के बाहर से अखबार लाने ही क्यों न पड़ें ।

आपका सामाजिक स्तर चाहे जो भी हो, आप चाहे व्यवसायी की पत्नी हों अथवा लेखक की, संपादक की हों अथवा व्यापारी की, प्रशासनिक की अथवा अधिकारी की पत्नी हों, आपके लिए यह गौरव की बात है कि आपके पति की सामाजिक स्थिति कुछ विशिष्ट है । भले ही आप किसान की पत्नी हों, इस बात का गर्व आपके मन में होना चाहिए । बस, आप उसे उतना सहयोग अवश्य करें । पति को भी प्रोत्साहित करें कि समाज में इस विशिष्ट स्थान को प्राप्त करने के लिए मौलिक चिंतन अपनाए । कुछ अतिरिक्त समय दें । अतः पति की इस प्रकार की व्यस्तता को दोष नहीं, एक गुण के रूप में स्वीकारें। इससे तनाव स्वयं कम होने लगेंगे ।

यदि आपके पति का कोई नया काम है, बड़ा है, जिम्मेदारी वाला है, तो निश्चित रूप से उन्हें अपने काम में कुछ अतिरिक्त समय देना पड़ेगा और देना भी चाहिए । हो सकता है,उन्हें अपने संस्थान में प्रबन्धन के अतिरिक्त कुछ और काम भी देखने पड़ते हों । वैसे भी आजकल कुछ लोग अपनी पोजीशन बनाने के लिए कुछ अतिरिक्त काम करना पसन्द करते हैं । अभिप्राय यह है कि पति अथवा पत्नी की व्यस्तता को व्यंग्य के रूप में न देखें और न ही इस प्रकार की व्यस्तता पर ताने मारें ।

''मिल गई फुरसत····· अभी तो दस ही बजे हैं, इतनी जल्दी क्या थी घर आने की ? खाना तो वहां मिल ही जाता···· आंखें सेंकने को भी मिल ही जाती हैं । उनसे बातें करने से वक्त मिले, तब न घर की याद आए····

फिर घर में है ही कौन ? हम तो ठहरी बीवी···· घर की मुर्गी दाल बराबर ····· हमारी क्या····· ?

''हेलो, मैंने कहा पांच बजने वाले हैं···· आपने अभी तक लंच नहीं लिया··· लंच पर आ रहे हैं ना···· नहीं तो रात को दोपहर और रात का खाना साथ-साथ खा लेना···· वैसे आपको भूख तो लगती ही नहीं···· हमारी मानो तो आप दफ्तर में ही बिस्तर डाल लें···· बच्चों को भेज दें अनाथालय में···· रही बात बीवी की, तो बीवी का क्या है···· ?

वास्तव में इस प्रकार के ताने-उलाहने पति-पत्नि में तनाव बढ़ाने वाले होते हैं जो अवसर पाकर असन्तोष रूपी विस्फोटक के रूप में फूटते हैं। पति-पत्नी अगर दोनों ही ईंट का जवाब पत्थर से देने वाले हों, तो घर में महाभारत छिड़ने में समय न लगेगा । इसलिए एक दूसरे की व्यस्तता का मजाक उड़ाने के स्थान पर एक-दूसरे की व्यस्तता को काम करने की सोच पालें । यदि आप पढ़ी लिखी हैं, तो पति के बराबर में सहयोगी बनें, उसके काम से सम्बन्धित थोड़ा-बहुत पत्र-व्यवहार स्वयं करें । घर में आए मेहमानों का स्वागत स्वयं करें । बाहर के अन्य छोटे-मोटे कामों को स्वयं करें । टेलीफोन का बिल जमा करना, नल-बिजली के बिलों का भुगतान, बीमा-पालिसी अथवा बैंक से सम्बन्धित काम आप करें । इससे जहां आप पति की व्यस्तता को कम करेंगी, वहीं आप अपने समय का भी सदुपयोग करेंगी । आपके कार्यों में भी विविध ता आएगी और आप बोर भी नहीं होंगी ।

समय-समय पर खाने की टेबल पर बैठ कर परिवार और कारोबार सम्बन्धी अपनी समस्याओं पर आपस में चर्चा करें । इस प्रकार की चर्चा में युवा बच्चों को भी शामिल करें । निर्णयों पर उनकी सहमति लें। बच्चों की सफलताओं से परिचित हो उनकी अपेक्षाओं को जानें । उनके भविष्य की कार्य-योजनाओं पर विचार करें । उनके कैरियर के बारे में सोचें । निकट सम्बन्धियों के आए हुए पत्रों की चर्चा करें। इस प्रकार की चर्चा कर एक-दूसरे का विश्वास अर्जित करें । वास्तव में ये आधुनिक जीवन शैली के कुछ ऐसे पक्ष है, जिन्हें अपनाकर आप न केवल स्वयं तनावमुक्त होती हैं, बल्कि परिवार के सदस्यों का भी विश्वास अर्जित करती हैं, पति की निकटता प्राप्त करती हैं ।

"पता नहीं दफ्तर में तुम कैसी अफ़सरी करते हो····यहां तुम किसी से बोलते ही नहीं····।" जैसी बातें पति से व्यंग्य रूप में न कहें ।

पति-पत्नी को उसकी पारिवारिक जिम्मेदारियों का अहसास कराते समय एक-दूसरे की रूचियों, योग्यता और प्रतिभा को परखें । एक-दूसरे को परिवार का महत्वपूर्ण घटक मानें । एक-दूसरे में आस्था और निष्ठा व्यक्त करें । एक-दूसरे की व्यस्तता को स्नेहिल भाव से जोड़ें । व्यस्तता को एक दूसरे के प्रति प्रतिशोधी भावनाओं से न जोड़ें ।

मामला तलाक तक न पहुँचे

चोरी की आदत, झूठ बोलना कामकाजी जीवन में वरिष्ठ अधिकारियों के अनुचित दबाव के कारण समर्पण की विवशता, महिला सहकर्मियों से मित्रता की इच्छा और मैत्री सम्बन्धों में विश्वासघात, अपनी हीनता प्रदर्शित करना और फिर इन्हीं हीनाताओं के कारण कमजोरियों का प्रदर्शन, परिवार के सदस्यों द्वारा ही अनुचित संबंधों की स्थापना, विवाह पूर्व सम्बन्धों के कारण पति-पत्नी के संबंधों में टकराव, तनाव आदि ऐसे अनेक कारण हैं, जिन्हें भोगना तो पड़ता ही है। हां, यदि ऐसे संबंधों अथवा व्यवहारों को आप समय रहते छोड़ दें, अपनी गलतियों अथवा सोच में सम्मानजनक परिवर्तन कर लें, तो आपके दाम्पत्य जीवन में सुख, शांति ओर प्रेम आ सकते हैं। अतः दाम्पत्य जीवन की सरसता के लिए अपनी सोच को कुछ इस प्रकार से दिशा दें कि आपको आत्म-ग्लानि अथवा आत्महीनता का जीवन न जीना पड़े।

यदि आप से, आपकी पत्नी से अथवा परिवार के अन्य किसी युवा पुत्र-पुत्री से कभी कोई ऐसा अपराध अथवा व्यवहार हो जाता है, जो उसे हमेशा परेशान करता है, तो ऐसे अपराध भाव से मुक्त होने के लिए अपनी सोच को व्यावहारिक बनाएं। ऐसी परेशानियों से बचने के लिए इन्हें फिर न दोहराने का दृढ़ संकल्प कर लें।

दाम्पत्य जीवन में ऐसे अनेक व्यवहार, घटनाएं, हादसे हो जाते हैं जिन्हें पति-पत्नी बड़ी उदारता के साथ माफ करते हैं। एक-दूसरे को संभल जाने के अनेक अवसर प्रदान करते हैं। समय रहते संभल जाने की सोच ही समन्वय है। आखिर गलती किससे नहीं होती, मगर ठोकर खाकर जो सुधार जाता है, वही सच्चा मनुष्य है। अत: अपने साथी को संभालें। उसे संभलने का मौका दें। बीमार होने के बाद स्वस्थ

होने में समय तो लगता ही है और इस बीच बीमार व्यक्ति को और अधिक सहारे की जरूरत भी पड़ती है। अत: आप चाहे पति हों अथवा पत्नी, इस विषय में हमेशा सकारात्मक सोच ही अपनाएं। इसलिए आपको चाहिए कि आप सदैव -

- आशावादी सोच अपनाएं।
- अपराधों को मन से स्वीकारने के अवसर दें।
- कमजोरियां जानें।
- अभावों को स्वीकारें।
- गलती को स्वीकारें।
- दुबारा गलती न करने का दृढ़ संकल्प करें और उसे दोहराएं नहीं।
- पत्नी अथवा पति को 'माफ' करने की सोच हमेशा मन में पालें।
- अप्रिय प्रसंगों, हादसों, घटनाओं को याद न करें। ये कडुवे अनुभव सुख-शांति के दुश्मन हैं।

साथ ही ध्यान रखें -

- गलती को छिपाने के लिए एक और गलती न करें।
- अभावों को अभिशाप न मानें।
- जानबूझ कर अनुचित समझौता न करें।

तलाक के दस प्रमुख कारण - एक जानकारी

भारत में भी तलाक के मामले बढ़ रहे हैं। दिल्ली में हुआ एक अध्ययन बताता है कि पिछले पांच वर्षों में हुई प्रत्येक पांच शादियों में से एक की परिणति तलाक में हुई है। यही नहीं जहां पांच वर्ष पहले तलाक की पहल करने वाली महिलाओं की संख्या महज 30 फीसदी थी। वहीं आज यह दर बढ़ कर चालीस फीसदी हो चुकी है। इनमें कामकाजी महिलाओं की संख्या सर्वाधिक है। हालांकि तलाक के मामलों में नंबर एक स्थान मालदीव सरीखे छोटे से देश का है, जहाँ प्रति हजार शादियों में 10. 75 फीसदी की परिणति तलाक में होती है। खास बात यह है कि तलाक का प्रमुख आधार आर्थिक या विवाहेत्तर संबंध नहीं है। इस संदर्भ में नेशनल

मैरिज गायडेंस ने जो कारण बताएं हैं वह आंखे खोलने वाले हैं। जरा गौर करें तलाक के दस मुख्य कारणों पर -

- संवादहीनता की स्थिति
- लगातार तर्क वितर्क
- पति पत्नी में अविश्वास
- यौन समस्याएं
- आर्थिक समस्याएं
- काम के प्रति अधिक समर्पण
- शारीरिक या शब्दिक उत्पीड़न
- बच्चे न हों या उनकी परविश को लेकर
- अहंप्रधान मानसिकता
- नशे या जुए की लत

जीवन में उन्नति लाएं

क्षमतावान व्यक्ति अपनी हताशा को अपनी सहायता में ठीक वैसे ही ढाल लेता है जैसे सीप अपने अन्दर आई मिट्टी को मोती का रूप दे देती है ।

तुम पर आलोचकों के शब्दों का असर ठीक वैसा ही होना चाहिए जैसा तूफान का बाज पर होता है । तूफान के झोंकों से बाज और ऊंचा उठ जाता है ।

पतंगे उड़ती ही नहीं, यदि वे डोर के सहारे बंधी न होतीं । जीवन के साथ भी ऐसा ही है । जो आदमी तमाम जिम्मेदारियों से बंधा हुआ है, उसकी उड़ान ज्यादा ऊंची और तीव्र होगी और उसमें अधिक शक्ति भी होगी । दूसरी ओर, जिम्मेदारियों के बंधनों से आजाद व्यक्ति हमेशा कीचड़ में ही लोटता रहता है ।

नेपोलियन का परिवार बेहद गरीब और मामूली था । इस वजह से उसके स्कूली दोस्त उसका जमकर मजाक उड़ाते थे । परिणामस्वरूप उसने स्वयं को किताबों में डुबो लिया । कुछ ही समय पश्चात् वह तमाम विषयों में अपने सहपाठियों से आगे निकल गया और उसके दोस्तों के मुंह बन्द हो गए । शीघ्र ही उसे पूरी कक्षा का सर्वश्रेष्ठ और मेधावी छात्र माना जाने लगा ।

बहुत सारे लोगों में विलक्षण कुदरती प्रतिभा थी । चूंकि वह प्रतिभा बाधाओं की कसौटी पर कभी कसी नहीं जा सकी इसलिए व्यर्थ होकर रह गई या उन्हें वैसी कठिनाईयों से संघर्ष नहीं करना पड़ा जिनसे मुकाबला करने के लिए उसकी सोई हुई शक्तियों को जगाने की आवश्यकता आ पड़े ।

हमारे वंश और परिवार की कमजोरी या दरिद्रता हमारी प्रगति को बाधित तो कर सकती है लेकिन उसका असर वैसा ही होता है, जैसे किसी नदी के प्रवाह में बर्फ या कूड़ा जमने से थोड़ी देर के लिए ठहराव आ जाता है । जब नदी में ऐसी रूकावट आती है तो पानी के जमा होते जाने से प्रवाह में इतनी

शक्ति पैदा हो जाती है कि यह तमाम रूकावटें सीधे समुद्र के पेट में समा जाती हैं। गरीबी और अनजानापन ऐसी बाधाएं नहीं है जिनको पार न किया जा सके बल्कि अक्सर वे ऐसे उत्प्रेरक के रूप में काम करती हैं कि हमारा मस्तिष्क और शरीर अपने लक्ष्य के प्रति और दृढ़ हो उठता है।

यदि किसी बीज के अंकुरण को रोशनी की ओर बढ़ने में निरंतर कंकड़-पत्थर और सख्त जमीन का मुकाबला करते हुए मार्ग बनना पड़ता है और उसके पश्चात भी आंधी-तूफान, बर्फ और कोहरे का बार-बार सामना करना पड़ता है तो कालांतर में उससे जो लकड़ी प्राप्त होती है, वह बेहद कठोर और दृढ़ होती है।

शत्रुओं को प्रेम करने की बात कायदे से बिल्कुल ठीक है क्योंकि हमारे शत्रुओं के अन्दर ही हमारे सबसे लाभदायक मित्र भी छिपे होते हैं। वे हमें तब भी सत्य से अवगत कराते रहते हैं जबकि हमारे दोस्त हमसे मुंह फेर चुके होते हैं। उनके जहर बुझे शब्द और ताने एक आईने की तरह होते हैं जिनमें स्वयं को बेहद-साफ-साफ देख सकते हैं। ये निर्दयी डंक और दवाब अक्सर हमें ज्यादा बड़ी कामयाबी और ऊंचे प्रयासों की ओर प्रेरित करते हैं। हमारे दोस्त हमारी कमियां छिपा जाते हैं और चुनौती तो कभी नहीं देते जबकि हमारे शत्रु हमारी सारी कमजोरियों को खींचकर रोशनी में ला खड़ करते हैं। हम इन चुनौतियों और बेपर्दगी से वैसे ही भागते हैं जैसे जर्राह के नश्तर से भागते हैं लेकिन असल में उनसे फायदा ही होता है। वे हमें उन गहराइयों तक पहुंचा देते हैं जहां हम कभी नहीं पहुंचे थे और हम पुनः अपने संकल्प पर दृढ़ होते जाते हैं।

हम अपने विरोधियों के विजेता हैं। वे हमारे अंदर उन शक्तियों को जाग्रत कर देते हैं जिनके सहारे हम उन्हें पछाड़ सकते हैं। उनके विरोध के बिना हम स्वयं को अपने जैसा ठोसपन और सुरक्षा दे ही नहीं सकते थे जो हमें चाहिए। हमारी परीक्षाएं, हमारे शोक और हमारे दुख हमारे अंदर एक साथ विकसित होते जाते हैं। जिस व्यक्ति ने कठिनाइयों को जीत लिया है, विजय के लक्षण उसके चेहरे पर साफ देखे जा सकते हैं। विलक्षण विजय भाव निरंतर उनके चेहरे पर विराजमान रहता है।

जिस जॉन कैल्विन ने सत्रहवीं और अठारहवीं सदी के धार्मशास्त्र को पारिभाषित किया, उसे कई वर्षों तक बीमरियों की यातना झेलती पड़ी थी। कुछ ऐसा ही किस्सा रॉबर्ट हॉल का भी है। जिन महान लोगों ने हमारी दुनिया को नई ऊंचाइयां प्रदान कीं, उन लोगों की परिसथितियां कतई सुखद नहीं थीं बल्कि वे तो ताउम्र ही विपत्तियों में फंसे रहे और बमुश्किल आगे बढ़ सके।

जीवन में आगे बढ़ने के लिए किए जाने वालें संघर्ष या प्रयास में वह शांति और गरिमा है कि उनसे हमें शक्ति ही मिलती है, भले ही हम उस स्थान पर न पहुंच पाएं जहां पहुंचना चाहते हैं या वह पुरस्कार न पा सकें जो पाना चाहते हैं।

चुनौतियां और निरूद्देश्यता आलसी ओर निकम्मे मस्तिष्क में भी वह गुण ओर शक्तियां पैदा कर देती हैं जिनके विषय में कभी किसी ने सोचा भी नहीं था। अक्सर हम देखते हैं कि अपने माता या पिता की मृत्यु के बाद या किसी बड़े प्रयास में असफलता के उपरांत अथवा और दुर्घटना के कारण जब किसी नौजवान का सहारा छिन जाता है तो उसके अंदर विराट शक्तियां जाग्रत हो उठती हैं। जेल जीवन ने अनगिनत लोगों की सुषुप्त ज्वाला को भड़काया है। 'रॉबिन्सन क्रूसो' जेल मे ही लिखी गई थी। 'प्रोग्रेस' नामक ग्रंथ का जन्म बैज्फोर्ड जेल में हुआ। सर वाल्टर रेले ने 'द हिस्टरी ऑफ द वर्ल्ड' की रचना अपने तेरह वर्षीय कारावास के दौरान की थी। लूथर न बाइबिल का अनुवाद वाटबर्ग दुर्ग की कैद में किया था। दांते ने अपने जीवन के बीस वर्ष निर्वासन में बिताए थे। उस समय उनको मृत्युदंड भी दिया जा चुका था।

विपत्तियों का मोल आंकने के लिए मैं आपको एक तरीका बताता हूं। एक ही पेड़ से दो बीज लीजिए। एक बीज को निर्जन पर्वत पर और दूसरे को घने जंगल में बो दीजिए। अब उन्हें बढ़ते हुए देखिए। जो पेड़ पहाड़ पर अकेला खड़ा है, वह हर तूफान का सामना करने के लिए विवश है। इस विपत्ति से अपनी रक्षा के लिए वह पेड़ अपनी जड़ों को जितना मुमकिन हो पाता है, उतना हर दिशा में फैलाने लगता हैं, उसकी जड़ें गहरी होती जाती हैं। इस प्रकार, उखड़ने से बचने के लिए वह अपनी जड़ों के सहारे मिट्टी ओर चट्टानों को कसकर पकड़ लेता है। प्रत्येक जड़ इस प्रकार आगे बढ़ती है कि विशाल वृक्ष को और स्थिरता मिल जाए। मानो उन्हें पता हो कि आनेवाली मुठभेड़ें कितनी भयानक

होंगी। कई बार लगता है कि वर्षों से इस पौधो में कोई वृद्धि नहीं हुई है लेकिन वास्तव में उस समय वह अपनी जड़ों को चट्टानों के इर्द-गिर्द लपेटने में व्यस्त होता है। इसके बाद यह गर्व से सीना ताने तेजी के साथ आकाश की ओर बढ़ने लगता हैं-तूफानों को चुनौती देता हुआ जब इसकी शाखाओं के साथ हवा के झोंके बेरहमी से टकराते हें, तो उन्हें अपनी शकित की सीमा समझ आ जाती है। यही नहीं, ये झोंके उसे कमजोर करने के बजाए उसके रेशों को ओर अधिक मजबूती ही देते हैं।

दूसरी ओर घने जंगल में बोया गया बीज बिल्कुल भिन्न प्रकार से बढ़ता है। यह तेजी से बढ़ता है मगर उसका तना कमजोर होता है। अपने पड़ोसी वृक्षों की सुरक्षा पंक्ति से घिरे इस पौधो को कभी-आंधी-तूफान का मुकाबला नहीं करना पड़ता इसलिए इसकी जड़ें भी इधर-उधार फैलने के बजाय सीधी होती हैं और थोड़ी ही मिट्टी पकड़ पाती हैं। इस प्रकार न केवल इसका तना कमजोर ओर कम लचीला होता है बल्कि इसकी जड़ों की पकड़ भी कमजोर होती है।

बिल्कुल एक जैसे दो लड़कों को लीजिए। एक लड़के को शहर की ऐशो-आराम की जिंदगी से दूर देहात में रखिए जहां केवल एक छोटा सा स्कूल और कुछ किताबें ही उसे मिल सकें। सारी-धन सम्पत्ति और सहारों को हटा दीजिए। अब यदि उसमें वाकई संभावना है तो वह आगे बढ़ जाएगा। वह सफलता का पथ पकड़ लेगा। हर बाधा पर विजय प्राप्त करते हुए वह अगली चुनौतियों के लिए और शक्ति अर्जित करता जाएगा। यदि वह गिरता है तो अधिक दृढ़ संकल्प के साथ फिर उठ खड़ा होता है। रबर की गेंद के सदृश जितनी कठोर बाधा होगी, उतना ही वह और ऊंचा उठा जाएगा। बाधाएं और विरोध जीवन की व्यायामशाला के वे उपकरण हैं जिनमें व्यक्ति का व्यक्तित्व निखरता है। जो उसकी विपन्नता का मजाक उड़ाते हैं, वह उन्हें अपना सम्मान करने पर विवश करता है। दूसरे लड़के को एक सुविधा सम्पन्न परिवार में रख दीजिए। उसे फ्रांसीसी और जर्मन शिक्षिकायें उपलब्ध करा दीजिए। उसे महान शिक्षकों की देख रेख में हार्वर्ड में शिक्षा दिलाइए। उसे पैसा खर्च करने की पूरी छूट दे दीजिए। जहां चाहे वहां घूमने और मनचाहे शौक पूरा करने की छूट दे दीजिए।

अब दूसरे दृश्य में आइए। दोनों लड़के आमने-सामने हैं। शहरी लड़का

अपने देहाती बिरादर को देखकर शर्मिंदा है । देहाती लड़के के सादा, तार-तार कपड़े, सख्त हाथ, रूखा चेहरा और बेढब आदतें उसे शहरी लडके के सुरूचिपूर्ण कपड़ों और आदतों के सामने फीका कर देती हैं । गरीब लड़का अपने दुर्भाग्य को कोसता है । वह पश्चाताप करता है कि उसे 'जीवन में कोई अवसर नहीं मिला और शहरी लडके से ईर्श्या करने लगता है । वह सोचता है कि यह प्रकृति की क्रूर इच्छा है कि उन दोनों के बीच इतना भेद पैदा हो गया ।

कुछ वर्ष बाद वे दोबारा मिलते हैं । अब ये वयस्क हो चुके हैं । अब वे कितना बदल चुके हैं । जैसे तजुर्बेकार कारीगार, देखते ही मजबूत पहाड़ी पेड़ और कमजोर जंगली लकड़ी में फर्क कर लेता है, ठीक वैसे ही उनका फर्क भी साफ देखा जा सकता है । एक के चेहरे का आत्मविश्वास साफ बता देता है कि वह अपने बल और श्रम के सहारे यहां तक पहुंचा है जबकि दूसरा अपने परिवार की सम्पन्नता और प्रभाव के सहारे यहां तक पहुंचा है ।

पक्का इरादा दिलाए सफलता

सफलता के लिए आज भी आवश्यक है कि व्यक्ति अपने मस्तिष्क की सम्पूर्ण ऊर्जाओं को एक निश्चित लक्ष्य पर केन्द्रित कर दे । साथ ही, उसमें उद्‌देश्य के प्रति इतनी प्रचण्ड लालसा भी होनी चाहिए कि वह मृत्यु से भी भयभीत न हो कोई भी ऐसी भावना जो उसके लक्ष्य से विचलित करती हो, उसे कुचलता चले ।

यदि कोई दर्जनभर पेशों में अपनी किस्मत आजमाता जाए लेकिन किसी में भी ठीक से पारंगत न हो तो वह भूखों मर सकता है । इसके विपरीत यदि यह केवल एक व्यवसाय पर ही निर्भर रहे और उसी को पूरी तरह सीखने की चेष्टा करे तो उसकी सफलता निश्चित है । फिर भले ही वह पेशा कितना भी मामूली क्यों न हो।

ग्लैडस्टोन के पास एक बेहद विचारशील और सक्रिय मस्तिक था। इसके बावजूद वह दो कामों को एक साथ कभी नहीं करता था । वह अपनी सारी ऊर्जा एक ही काम में झोंक देता था । वह जो भी करता था, उसमें उसकी ऊर्जा की सघनता साफ देखी जा सकती थी । यदि ग्लैडस्टोन जैसे व्यक्ति के लिए ऊर्जा की

इतनी सघनता आवश्यकता थी तो छितराई हुई ऊर्जा के सहारे हमारे जैसे सामान्य प्राणी तो भला क्या कर सकेगें ? सभी महान व्यक्तियों में एक बात समान थी उनकी एकाग्रता इतनी सघन और दृढ़ थी कि उनके उद्देश्य के दायरे से बाहर पड़ने वाली कोई चीज उनके लिए अनजानी हो जाती थी । विक्टर हयूगों ने अपनी कृति 'नॉत्र डेम' की रचना 1830 में तब की थी, जब उसके बगीचे के चारों ओर गोलियों की बौछार बरस रही थी । उसने स्वयं को कमरे में बंद कर लिया और अपने कपड़े उठाकर एक ओर रख दिए क्योंकि कपड़ों की उपस्थिति होने पर उसके मन में बाहर जाने की इच्छा पैदा होने का खतरा था । उसने पूरी सर्दिया बंद कमरे में काट दीं और अपना जीवन उस कृति में उड़ेलता चला गया ।

अब्राहम लिंकन की एकाग्रता की शक्ति इतनी प्रचंड थी कि वह बचपन में सुने गए उपदेश को बरसों बाद भी वैसा-का-वैसा ही सुना सकते थे ।

न्यूयॉर्क के एक शौकिया शिकारी ने एक शॉटगन का इतश्हार देखकर वह बंदूक खरीद ली । इसके बाद उसने कुछ और धनराशि के साथ विक्रेता से गारंन्टी मांगी कि बन्दूक का निशाना छितराए नहीं । उसके जवाब में उसे गारंटी के बजाय यह जवाब मिला । "श्रीमान ! यदि आप बंदूक के निशाने को एकदम सही रखना चाहते हैं तो एक बार में एक ही कारतूस डालें ।

एक आदमी जिसके पास केवल एक ही गुण है-यदि वह अपनी सारी क्षमताओं को उसी गुण के साथ लगा दे तो उस व्यक्ति से अधिक सफल हो सकता है जिसके पास दस गुण तो हैं लेकिन एकाग्रता नहीं है । दुर्बलतम प्राणी भी यदि अपनी सारी क्षमताओं को एक ही लक्ष्य पर केन्द्रित कर दे तो बहुत कुछ हासिल कर सकता है लेकिन यदि वह अपनी क्षमताओं को यहां-वहां बिखराता चलता है तो वह कुछ भी नहीं पा सकता ।

एक महान उद्देश्य संग्रहकारी होता है । वह चुम्बक की तरह जीवन की धारा के आस-पास की सारी ऊर्जाओं को अपनी ओर आकर्षित करने में सफल हो जाता है ।

जो व्यक्ति केवल एक तरफा देखता है- जिसका व्यक्तित्व पैना है- जिसका केवल एक ही उद्देश्य है - जिसका विचार एकीकृत है, वही बाधाओं को चीरते हुए लक्ष्य की ओर बढ़ सकता है । वह समय गया जब कोई अकेला

बेकन सारे उपलब्ध ज्ञान को आत्मसात कर सकता था या दांते पेरिस के शिक्षा संस्थानों में बैठकर एक साथ चौदह प्रतिद्वंद्वियों के साथ शास्त्रर्थ करता था और उन्हें परास्त कर देता था । वह समय जब अकेला व्यक्ति एक साथ दर्जनभर कामों को सफ़लता से कर लेता था । एकाग्रता वर्तमान सदी की कुंजी है ।

वैज्ञानिकों का अनुमान है कि यदि पृथ्वी के केवल पचास एकड़ भाग पर पड़ने वाली सूर्य की किरणों को एकत्र कर लिया जाए तो दुनिया की सारी मशीनरी के लिए ऊर्जा का संकट समाप्त हो जाएगा । सूर्य की किरणें अनंतकाल तक इसी प्रकार पड़ती रहे तब भी किसी चीज को जला नहीं पाएगी लेकिन यदि एक आतशी शीशा उन किरणें को सफलतापूर्वक एक ही स्थान पर केंद्रित कर दे तो वह ठोस ग्रेनाइट को भी पिघला देंगी और हीरे को वाष्प में परिवर्तित कर देंगी । एंसे लोगों की संख्या बहुत बढ़ बड़ी है जिनके पास अकूत क्षमताएं तो हैं लेकिन उनकी क्षमताों की किरणो एक-दूसरे से अलग-अलग हैं । चूंकि वे उन्हें कभी एक बिन्दु पर इकटठा कर ही नहीं पाते इसलिए शक्तिहीन रहते हैं । बहुमुखी प्रतिभा और कुशाग्र बुद्धिवाले लोग अक्सर कमजोर रह जाते है क्योंकि वे अपनी सारी शक्तियों को एक बिन्दु पर केंन्द्रित कर ही नहीं पाते। सफलता और विफलता के बीच यही सबसे बड़ा फर्क बन जाता है ।

जोजेफ आस्ट्रिया का बेहद हताश बादशाह था। वियना की शाही कब्रगाह में स्थित उकसी कब्र पर लिखा है , ''यहां एक बादशाह सो रहा हे जिसके इरादे बेहद नेक थे लेकिन वह अपनी एक भी योजना को पूरी तरह लागू नहीं कर पाया।''

जो सफल होते हैं उनका एक निश्चित कार्यक्रम होता है । वे अपने कार्य को असीम ऊर्जा से आप्लावित कर देते हैं और उसी पर जुटे रहते हैं । वे अपनी योजनाएं बनाते हैं और उन पर अमल करते हैं । वे सीधे अपने लक्ष्य की ओर बढ़ते हैं। कठिनाई से सामना होने पर वे अपना मार्ग बदलते नहीं । यदि वे कठिनाईयों को भेद नहीं पाते तो उनको लाघंकर आगे बढ़ जाते हैं । एक निश्चित उद्‌देश्य के तहत अपनी शक्तियों का निरंतर और स्थिर उपयोग उन्हें ताकत और ऊर्जा देता है जबकि उद्‌देश्य के बिना अपनी शक्तियों का उपयोग उन्हें सिर्फ कमजोर बना है । मस्तिष्क का एक निश्चित लक्ष्य पर केन्द्रित होना

आवश्यक है अन्यथा बिना संतुलनवाली मशीनरी की तरह उसका टूट कर बिखर जाना तय है ।

एकाग्रता के इस युग में आवश्यकता केवल शिक्षित व्यक्तियों की, केवल प्रतिभाशाली व्यक्तियों की या केवल बुद्धिमान लोगों की नहीं है – आवश्यकता उनकी भी नहीं है जो हर चीज में दखल रखना जानते हों बल्कि आवश्यकता केवल उनकी है जो केवल एक काम को करने में ही बेहद निपुण हों । नेपोलियन अपने सिपाहियों द्वारा किए जाने वाले व्यायामों को अपने किसी भी अफसर से अधिक दक्षता से करना जानता था।

अपने लक्ष्य पर स्थिर रहो । अपने पेशों में बार-बार बदलाव सफलता के लिए बेहद घातक है । मान लीजिए, एक नवयुवक ने पांच-छः साल तक मेवे का कारोबार किया है । इतने समय के बाद वह महसूस करता है कि उसके लिए परचून का कारोबार ज्यादा उपयुक्त है और वह मेवे के कारोबार को छोड़कर परचून के व्यापार में लगा जाता है । यानी वह अपने पांच-छः साल के तजुर्बे को बेकार कर देता है । इस प्रकार वह अपने व्यवसायों को बदलते रहकर अपने जीवन का बड़ा हिस्सा यूं ही गंवा देता है । वह कई व्यवसायों के बारे में थोड़ी-थोड़ी जानकारी तो इकटठा कर लेता है लेकिन पारंगत किसी एक में भी नहीं हो पाता । यदि आदमी बीस व्यवसाय अपनाने के बावजूद सबमें अधूरा ही ज्ञान रखे तो उसका सफल और सुखी होना असम्भव है···· संपन्नता का तो प्रश्न नहीं उठता ।

अनगिनत नौजवान अपने व्यवसाय में निपुणता प्राप्त करने से पहले ही हिम्मत हार बैठते हैं और किसी दूसरे व्यवसाय में किस्मत आजमाने की ओर बढ़ जाते हैं । कितना आसान है अपने व्यवसाय में कांटे और दूसरों के व्यवसाय में गुलाब देखना । मिसाल के तौर पर, जब एक युवा व्यवसायी डॉक्टर को गाड़ी में बैठकर मरीजों के यहां आते-जाते देखता है तो सोचता है कि डॉक्टर का जीवन निश्चत ही ज्यादा आरामदेह है । वह अपने भाग्य को कोसने लगता है कि उसे ऐसा आसान पेशा क्यों नहीं मिला या – कि उसका पेशा ही इतना उबाऊ क्यों है । उसे अपना पेशा ही श्रमसाध्य और कठिन लगता है । वह उन वर्षों के विषय में नहीं सोचता जब डॉक्टर बनने से पहले उस व्यक्ति ने किस प्रकार अथक अध्ययन के जरिये यह ज्ञान प्राप्त किया था। वह भूल जाता है कि कितने महीनों या सालों के बाद उसने अपने मरीजों

का विश्वास जीता होगा। वह भूल जाता है कि शरीर विज्ञान का ज्ञान और अनगिनत दवाओं के नाम याद रख पाना कितना शुष्क और नीरस काम है।

जब कोई व्यक्ति अपने व्यवसाय में निपुण हो जाता है – जब उसका पेशा उत्पादकता के उस बिन्दु को छूने लगता है जहां उसकी क्षमता उसे लाभ पहुंचाने लगती है तब उसे व्यवसाय में शक्ति का भाव प्रतीत होने लगता है। उसका पेशा आकर्षक दिखने लगता है लेकिन निपुणता के इस बिन्दु तक पहुचंने से पहले उसने जो वर्ष अपने व्यवसाय को सीखने में लगाए थे, अदृश्य होते हुए भी वे प्रतीत होने लगते हैं। लेकिन इस बीच वह अकूत ज्ञान अर्जित करने में – अपनी बुनियाद खड़ी करने में-पहचान बनाने में लगा था। वह अपनी सच्चाई, विश्वास और ईमानदारी स्थापित करने में लगा था। जब वह निपुणता के इस बिन्दु पर पहुंच जाता है तो उसका सम्पूर्ण ज्ञान, चरित्र, प्रभाव और विश्वास हर कदम पर उसकी सहायता के लिए उपस्थित दिखने लगता है। शीघ्र ही वह पाता है कि जिस कार्य में वह लगभग पूरी तरह किल महसूस कर रहा था, उसी में उसकी सम्पन्नता और सफलता का रहस्य छिपा था। उसने जो विश्वास, एकाग्रता, आत्मविश्वास और दोस्त अर्जित किए थे वे तब उसके लिए बेशकीमती बन जाते हैं, जब वह अपना काम शुरू करता है। दूसरी ओर, कई व्यवसायों में अपने पैर फंसानेवाला नौजवान हताश हो उठता है और निपुणता के बिन्दु से ठीक पहले ठिठक कर रूक जाता है। वह सफलता से दूर रहता है और असफल हो जाता है क्योंकि उसके प्रयास अपर्याप्त थे।

कुछ लोगों की धारणा है कि यदि वे किसी काम से लम्बे समय तक चिपके रहें तो कामयाब हो जाएंगे लेकिन हमेशा ऐसा नही होता। बिना किसी ठीक-ठाक योजना के काम करना भी इतना ही मूर्खतापूर्ण है जितना दिशासूचक यंत्र के बिना समंदर में उतरना।

दक्षिणी अमेरिका के घास के मैदानों में एक फूल उगता है जो हमेशा एक ही तरफ झुका रहता है। यदि कोई मुसाफिर रास्ता भटक जाए और उसके पास दिशासूचक भी न हो, तब भी वह केवल इस पौधो के सहारे अपनी स्थिति के बारे में जान सकता है – इसकी वजह यह है कि चाहे कितना भी तूफान आए या बर्फ पड़े – इसकी पत्तियां हमेशा उत्तर दिशा की ओर रहती हैं। इसी तरह

कई लोगों के लक्षण भी बेहद स्थिर रहते हैं। उनके सामने चाहे जितनी भी कठिनाइयां आएं, वे हमेशा एक ही दिशा में बढ़ते रहते हैं । उन्हें देखकर आप पूरे विश्वास से बता सकते हैं कि वे अंततः कहां जाकर निकलेगें। वे सामने की हवाओं और लहरों के कारण धीमे तो हो सकते हैं लेकिन उनकी बढ़ने की दिशा हमेशा तट की ओर ही रहती है। वे सीधे बंदरगाह पर जाकर ही लंगर डालते हैं । आप निश्चिंतता के साथ जानते हैं कि वे चाहे कुछ भी गंवा दें लेकिन अपना दिशासूचक यंत्र कभी नहीं खोएंगे ।

ऐसे आदमी को कुछ भी झेलना पड़े- चाहे उसकी पतवार बह जाए, उसका मस्तूल गिर पड़े और भले ही जीवन के तूफान से वह बुरी तरह पिटता रहे लेकिन उसके दिशासूचक यंत्र की सुई हमेशा उसकी आशाओं के ध्रुवतारे की ओर ही रहेगी । चाहे कुछ भी हो जाए, उसका जीवन निरूद्देश्य नहीं हो सकता ।

आवारगी के जीवन को स्थिरता ओर दिशा देना कोई सरल काम नहीं है । लेकिन निरूद्देशीय जीवन बेकार और खोखले सपनों में नष्ट हो जाता है -यह भी निश्चित है । 'निष्क्रिय लेकिन व्यस्त' लोगों के दर्शन कही भी किए जा सकते हैं । एक स्वस्थ और निश्चित उद्देंश्य निरूद्देश्य जीवन को घेरे रहने वाली सहस्रों व्याधियों का इलाज है । एक निश्चित उद्देश्य हताशा और परेशानी के लिए विषय का काम करता है । जिस काम को हमेशा अनिच्छा और निरूद्देश्य भाव के साथ करते हैं, वह हमारे लिए एक सजा बन जाता है; और ऐसा काम ठीक से होता भी नहीं जिसमें उत्साह न हो ।

केवल ऊर्जा का होना भी पर्याप्त नहीं है । एक स्थिर ओर अविचलित लक्ष्य पर केंद्रित होना भी आवश्यक है । इसी अभाव के चलते ही 'असफल जीनियस' और 'विफल प्रतिभाओं' की भरमार है । लेकिन शिक्षा का तब तक कोई मूल्य नहीं, जब तक व्यक्ति किसी न किसी काम में दक्षता और एकाग्रता अर्जित न कर ले ।

एक महान उद्देश्य ही जीवन को अर्थ देता है - यही हमारी सारी शक्तियों को एकीकृत करता है, उन्हें एक दूसरे से जोड़ता है और जो अब तक निर्बल, विच्छिन्न और बिखरा हुआ था, वह मजबूत और एकीकृत दिखने लगता है ।

सतही ज्ञान से लैस लोग भी कमजोर और सतही ही होते हैं । वह व्यक्ति किस काम का जो थोड़ा तो हर चीज के बारे में न जानता हो ? निरंतर चलने वाले दृश्यों के आधार पर ही कहानी बनती है । सेंट पॉल की शक्ति का एक अद्वितीय रहस्य उनके दृढ़ लक्ष्य में था । कोई चीज उन्हें रोक नहीं सकती थी और न कोई उन्हें मार्ग से हटा सकता था । रोमन सम्राट उन्हें दबा नहीं सकते थे, देश निकाले से उन्हें कोई भय नहीं था । जेल उन्हें तोड़ नहीं सकती थी और बाधाएं उन्हें हताश नहीं कर सकती थी ।

''मैं यह एक काम कर रहा हूँ''- ऐसा उनके सारे लेखन में हर जगह लिखा मिलेगा । उनके भव्य लक्ष्य की कभी न बुझनेवाली प्यास ने उनके मार्ग को सदियों के लिए प्रकाशित कर दिया और उनकी दिखाई राह आने वाली पीढ़ियों को रास्ता दिखाती रहेगी ।

जब गैंबैटा की मां ने उसे पढ़ने के लिए पेरिस के स्कूल में भेजा तो विदा करते हुए मां ने कहा था, ''प्रयास करते रहना और कुछ बनकर लौटना।'' निधनता ने इस छोटे से लड़के को बड़े गहरे घाव दिए थे । वह गैरेज में रहकर पढ़ता था और उसके कपड़े भी मैले-कुचैले थे । लेकिन इससे क्या फर्क पड़ता था ? उसने इरादा कर लिया था कि वह दुनिया के सामने अपनी छाप छोडकर रहेगा । वर्षों तक वह अपनी कुर्सी-मेज से बंधकर पढ़ता रहा अंततः उसे वह मौका मिल ही गया जिसका उसे इंतजार था। उस दिन जूल्स फारे को एक ऐतिहासिक भाषण देना था; अचानक वह बीमार पड़ गए, इसलिए उन्होनें अपने स्थान पर बोलने के लिए इस नौजवान को चुना। वह तब तक बिल्कुल अनजान सा नाम था। वर्षों से वह ऐसे ही अवसर के लिए स्वयं को तैयार कर रहा था और समय की पुकार ने उसकी साधना सफल कर दी । उस दिन गैंबैटा ने फ्रांस में तब तक का सबसे बेहतरीन भाषण दिया । उस रात के सारे अखबार इस अनुभवहीन नौजवान की मुक्त कंठ सराहनाओं से भरे पड़े थे । शीघ्र ही पूरे फ्रांस ने उसे रिपब्लिकन लीडर के रूप में पहचानना शुरू कर दिया। यह अकस्मात प्रगति किसी संयोग या भाग्य के कारण नहीं थी। अपनी निर्धनता और परिवेश के विरूद्ध उसकी साधना और संघर्ष ही इस अवसर की सफलता के

मूल में थे। यदि वह यहां असफल हो जाता तो कोई उसे नहीं देखता । सब हंसकर उसकी बगल से गुजर जाते । कितना बड़ा काम था; कल तक गैरेज में पढ़ाई और आज एक महान नेता के रूप में सम्मान।

दुनिया में इससे भव्य दृश्य और कोई नहीं होता जब कोई नवयुवक एक महान उद्देश्य और अविचलित लक्ष्य से लैस दिखाई दे । उसकी विजय निश्चित है – दुनिया उसके लिए रास्ता खाली छोड़ देती है जिसके पास कोई इरादा है । परिस्थितियां सदैव उसकी मदद करती हैं । कितना विलक्षण है यह देखना कि एक नौजवान तमाम मुश्किलों को चीरते और दूसरों को पराजित कर देने वाली बाधाओं को जीतते हुए सीधो अपने लक्ष्य की ओर बढ़ा जा रहा है । वह बाधाओं को इस प्रकार देखता है, मानो वे उसके लिए प्रस्थान बिन्दु हों । पराजय एक व्यायामशाला की भांति उसे और शक्तिशाली ही बनाती है – विरोध उसके प्रयासों को दोगुना कर देता है और खतरे उसके साहस को और बढ़ा देते हैं । बीमारी, गरीबी, विनाश–कुछ भी उसके मार्ग में आ जाएं, वह लक्ष्य से अपनी नजर नहीं हटाता ।

इस प्रकार सफल होकर आप अपनी पत्नी व परिवार की नजरों में भी चढ़ जाते हैं।

तनाव से मुक्ति पाने के उपयोगी सूत्र

आज के भागदौड़ भरे जीवन में तनाव एक स्थाई समस्या बन चुका है। यह मन को ही प्रभावित नहीं करता, तन को भी रोगग्रस्त बना देता है । यहां प्रस्तुत है तनाव से बचने के कुछ उपयोगी उपाय :

कामकाज के दौरान

1. यदि आप कम्प्यूटर आपरेट कर रहे हैं तो बीच-2 में थोड़ी देर आंखों को विश्राम भी दें । आंखों की पलकों पर कुछ सैकण्ड तक अपनी हथेलियों को रखें फिर आंखे खोलकर एक मिनट तक दूर रखी कोई चीज देखें ।
2. पैरों को बिना टैढ़ा मेढ़ा किये ठीक से बैठें। पैर के पंजों को जमीन पर सीधा रखें और पीठ को कुर्सी का सहारा देकर बैंठे ।
3. एक घण्टे तक लगातार बैठे रहने के बाद थोड़ा टहल लें।
4. खाना खाते समय आराम से खायें। एक निवाले को कम से कम 32 बार चबायें । जहां तक हो सके बात चीत करने से बचें ।
5. जरा जरा सी बात कर या किसी परेशानी होने पर झुझलायें नही। अपना ध्यान किसी दूसरी बात में लगाएं।
6. रोजमर्रा के कार्यों की एक सूची बनाएं उनमें से ज्यादा महत्वपूर्ण व आवश्यक कार्यों को क्रमानुसार नम्बर दें और उन पर विशेष ध्यान दें ।
7. काम के दौरान या बाद में थकावट महसूस होने पर लेमन, मिण्ट, यूकेलिप्टस आदि का अर्क सूंघने से दिल दिमाग फिर ताजा दम हो उठता है ।

8. अकेलेपन में खाली समय का उपयोग करें। अच्छी कल्पनायें करें, कुछ योजनायें बनायें और मन ही मन खुश होते रहें। यदि ऐसा सम्भव न हो, तो शब्दों का कोई खेल खेलें या फिर कुछ गुनगुनाएं, बुदबुदाएं।

बच्चे परेशान करें तों

9. बच्चों की हरकतों से खीजकर आप उन पर चिल्लाने न लगें, क्योंकि चिल्लाने से मानसिक तनाव बढ़ता है । अपनी आवाज धीमी रखें । इससे बच्चे भी धीमे सुर में बात करेंगे और आप उन्हें अच्छी तरह से समझा बुझा सकेंगे ।
10. बच्चे किसी खिलौना को लेकर आपस में झगड़ रहे हों तो उनसे कोई दूसरी बात करें। उनका ध्यान बंटाने की कोशिश करें । जैसे उनसे कहें, वह देखो कौवा उस बर्तन से पानी पी रहा है या अन्य कोई मजेदार घटना सुनायें ।

रात को सोने से पहले

11. अपने सोने और सुबह उठने का समय निश्चित कर लें ।
12. रात को भोजन जल्दी कर लें, क्योंकि भोजन अच्छी तरह करने में कम से कम चार घण्टे का समय लगता है ।
13. सुबह जल्दबाजी न मचानी पड़े और तनाव न हो इसलिये सुबह की तैयारी में रात में ही कर लें जैसे पहनने वाले कपड़े निकाल कर रख लें, ब्रीफकेस व साथ में ले जाने वाले सामान को ठीक करके पाकेट खर्च रख लें।
14. सोने से पहले एक गिलास दूध में दो चम्मच शहद डालकर पिए। दूध में ट्राइटोल होता है । जिससे मानसिक शांति मिलती है और नींद अच्छी आती है। सावधानी – यदि आप मोटापे या डायबिटीज से ग्रस्त हैं, तो दूध में शहद डालकर न पीयें ।
15. उत्तेजना से बचने का भरसक प्रयास करें। लिहाजा सोने से पहले रहस्य रोमांच या काम काज वाली पत्र पत्रिका या किताब न पढ़ें ।

16. बिस्तर के पास एक राइटिंग पैड और कलम रखें ताकि रात में यदि अचानक नींद खुल जाए या कोई जरूरी बात याद आ जाये तो आप उसे तुरन्त लिख सकें । इस प्रकार आप तनाव मुक्त होकर सो सकेंगे।
17. सोने से पहले गर्म पानी से नहायें । इससे नींद अच्छी आयेगी ।
18. सोते समय ढीला सूती कपड़े पहने।
19. अपने तकिये पर कुछ बूंद लेवेन्डर की छिड़क लें । इससे अच्छी नींद आयेगी।

जब पार्टी में जाना हो

20. क्या किसी पार्टी आदि में जाने से पहले आपको झिझक होती है कि वहां पर लोगों से क्या और कैसे बात करेंगे? सबसे पहले तो आप इस बात पर ध्यान दें कि वहां पर कौन-2 और कैसे-2 लोग होंगे, इसलिए कुछ साधारण बातों पर ध्यान रखें।
21. पहले सोचें कि आप वहां पर कौन से कपड़े पहन कर जायेंगे । अच्छी तरह तैयार हों । भले ही थोड़ा वक्त लग जाये।
22. आपका मन पूरी तरह नियन्त्रण में है या नहीं, इस बात की पूरी ताकीद कर लें। आपको पार्टी में जाना है वहां पर अच्छी तरह एन्ज्वाय करना है ।
23. पहली बात तो शराब पिये ही नहीं और यदि पीनी ही है तो एक पैक से ज्यादा न लें, क्योंकि इससे आप बहककर अपना दिमागी सन्तुलन भी खो सकते हैं । इसलिये उतनी ही शराब पिएं जितनी से बहके नहीं और आपका अपने ऊपर नियन्त्रण बना रहे।
24. यदि आप बहुत कामकाज करके थक चुके हैं तो घर पर ही रहना ठीक रहेगा।
25. यदि आप खुद पार्टी दे रहे हैं तो समय से पहले ही सारी तैयारियां कर लें । मेहमानों की संख्या के मुताबिक सारे सामान को व्यवस्थित और आस पास ही रखें। इससे मेहमानों के साथ आप सभी पार्टी का अच्छी तरह से लाभ उठा सकेंगे।

ड्राईविंग के दौरान

26. अपनी कार या दूसरे किसी वाहन को हमेशा अच्छी हालत में रखें। इसके लिये एक जांच सूची बनायें। इसके मुताबिक समय समय पर गाड़ी की सर्विसिंग आदि कराते रहें।
27. यदि आप गाड़ी लेकर घूमने फिरने जा रहे हैं तो घर से निकलने के पहले आपको पता होना चाहिये कि आप कहां जा रहे हैं, कितनी दूर जा रहे ह, कितने कि०मी० तक आपको जाना है और फिलहाल गाड़ी में पैट्रोल कितना है, इस पर जरूर ध्यान करें क्योंकि बीच रास्ते में पैट्रोल खत्म होना बहुत तकलीफ देह होगा। बेहतर तो यही होगा कि जब पैट्रोल की टंकी में एक चौथाई से कम पैट्रोल रहे तो कोई पैट्रोल पम्प दिखते ही टंकी फुल करा लें।
28. गड्ढ़ेदार सड़कों, भीड़ भाड़ और ट्रेफिक वाले इलाकों में तेज गाड़ी चलाने का अंजाम दुर्घटना हो सकता है। इसलिये ऐसी जगहों पर सावधानी व गाड़ी की गति धीमी रखने में ही भलाई है।
29. कामकाज के लिये सुबह वाले वक्त ट्रेफिक की गड़बड़ियों का ख्याल रखें। शाम को वापिस लौटने के समय होने वाली भीड़ भाड़ को भी नजर अंदाज न करें।
30. यदि किसी जरूरी मीटिंग में या अन्य किसी जरूरी काम में से किसी से मिलने जा रहे हैं और समय पर न पहुंच सकने की स्थिति में हैं, तो गाड़ी को सड़क किनारे कहीं तर्क करके उस जगह फोन कर, यथा स्थिति के बारे में समझा दें।
31. गाड़ी के भीतर का सामान सही रखें। सामान सही न होने से तनाव बढ़ता है। गाड़ी यदि एअर कंडीशंड हो तो ए०सी० चालू कर दें नहीं तो खिड़कियों को खोल दें।
32. रेडियो या टेप आन कन दें और संगीत का आनन्द लेते हुये साथ-साथ गुनगुनाते रहे इस बात न गौर न करें कि आपकी आवाज अच्छी है या खराब। गाने से मुँह चलता रहता है और चेहरे की मांसपेशियां की कसरत भी होती रहती है जिससे तनाव भी कम होता है।
33. ज्यादा भीड़ भाड़ वाली जगहों पर अपने हाथ के ब्रेक और न्यूट्रल का इस्तेमाल गाड़ी की रफतार को कण्ट्रोल करने के लिये करें। हार्न से उंगलियों को दूर रखें और आंखों को घड़ी से अलग।

34. यदि साथ में बच्चे हों तो उन्हें बाहर का नजारा देखने के लिये उत्साहित करकें ताकि वे आपका ध्यान गाडी ड्राइव करते वक्त न बांट सकें ।

जब तनाव ग्रस्त हो ही जाएं तो

35. मन शांति महसूस करे, इसके लिये कुहनियों और घुटनों के पीछे के भाग कर बर्फ का एक टुकड़ा रखें । गर्दन के पिछले भाग में ठंडा भीगा तोलिया भी रख सकते हैं ।
36. तनाव के दौरान कुत्ते या किसी पालतू जानवर से प्यार करें। उसे सहलायें। विभिन्न शोधों से ज्ञात हुआ है कि जानवर पालने वालों का तनाव कम रहता है और वे हाई ब्लड प्रेशर से भी बचे रहते हैं। पालतू जानवरों का साथ मन को शान्ति प्रदान करता है ।
37. घर के फालतू सामनों को घर से निकाल कर बाहर करें और बाकी सामानों को साफ करके सलीके से रख दें । इससे आप हल्का महसूस करेंगे ।
38. कोई न कोई काम करते रहें । अपने को व्यस्त रखें ।
39. तेज गति से चलने या तैरने से भी तनाव कम होता है। तैरते वक्त खुशी महसूस करें, खेलें ।
40. दिमाग को शांति रखने के लिये कुछ विभिन्न बातों को याद करें । अतीत में गुजरे कुछ मधुर लम्हों को याद कर खुश होने की कोशिश करें ।
41. दोस्तों से बात करें । उनसे इस बात का जिक्र करें कि आप तनाव ग्रस्त क्यो हैं ? क्योंकि किसी को कुछ बताने से आपकी चिन्ता कम हो जायेगी ।

इन उपायों को भी आजमायें

42. सुबह के समय नहा धोकर थोड़ी पूजा अवश्य करें । इससे मन एकाग्र होता है और रक्तचाप सामान्य रहता है।
43. जब आप लेटें तो दिल की धड़कनों पर ध्यान दें । दिमाग से बेकार की बातों को निकाल दें ओर धीरे-धीरे गहरी सांस लें । ठीक ढंग से सांस लेने से तनाव दूर हो सकता है ।

44. जब सांस लें तो उस समय महसूस करें कि आपके अंग-अंग में एनर्जी आ रही है । जब सांस बाहर निकालें तो शान्ति महसूस करें। हर सांस को 8 सैकेण्ड बनाये रखें।
45. कामकाज के दौरान एक मिनट का छोटा सा विराम लें । एक आराम कुर्सी पर बैठ जायें । आंखें बन्द कर लें फिर अपनी अंगुलियों को पलकों पर रखें । फिर मन ही मन कोई साधारण सा शब्द 30 बार दोहरायें जैसे ऊँ राम या फिर अपनी किसी फेवरिट चीज का नाम ।
46. अंतरदृष्टि से देखें । मन ही मन सोचें की आप किसी शर्त और खूबसूरत जगह पर मसलन समन्दर या झील के किनारे बैठे प्रकृति की अनुपम छवि को निहार रहे हैं। इससे आपका तनाव दूर होने में काफी मदद मिलेगी।
47. अतीत की किसी सुखद घटना को याद करें । इस मामले में फोटो एलबम आपकी मदद कर सकता है ।
48. फास्ट म्यूजिक सुनने या उस पर डान्स करने से तनाव दूर होता है ।
49. जितना हो सके उतने सीधे खड़े हो जाएं फिर अपने कन्धें को लटकाएं और उन्हें सीधे की ओर ले जाएं ताकि आपके गर्दन/कन्धों और पीठ के उत्तरी भाग की मासपेशियां तनाव रहित हो जाएं ।
50. लेट जाएं और बदन को एकदम ढीला छोड दें। फिर बदन के हर हिस्से को आराम दें ।
51. अरोमा थेरेपी से तनाव कम होता है । पर इनमें उपयोग किये जाने वाले तेलों को दूसरे साधारण तेलों में मिलाकर लगाएं ताकि त्वचा पर कोई विपरीत प्रभाव न पड़े।
52. लैवेन्डर, जैसमिन, चन्दन आदि का तेल तनाव खत्म करने में कारगर है।

"पवित्र नारी का अपमान संसार में क्रांति का अग्रदूत है।"

डा० रामकुमार वर्मा

सुखमय जीवन जीने के उपाय

"यदि कोई मनुष्य प्रसन्न नहीं तो इसमें उसका ही दोष है, क्योंकि परमात्मा ने मनुष्य को प्रसन्न रहने के लिए ही बनाया है।

मानसिक शांति के लिए यह आवश्यक है कि हमारे रोजमर्रा के कार्यकलाप उचित ढंग से हों। अनुचित ढंग के प्रयोग से हृदय में भावनात्मक अस्थिरता रहती है। इसलिए हमें यह पता होना चाहिए कि जीवन जीने का कौन सा ढंग हमारे लिए सुखकर है। सुखकर जीवन के कुछ उचित ढंग इस प्रकार हैं :-

सादा जीवन

"विश्व के महान सत्य, सफलताएं सादी होती हैं, और इसी प्रकार विश्व के महान पुरूष भी बिल्कुल साधारण होते हैं।"

जीवन सादा रखने में मानसिक शांति है। अपने आसपास की छोटी-छोटी चीजों में प्रसन्नता प्राप्त करें। दूर की बड़ी-बड़ी व मूल्यवान चीजों के प्रति आकर्षित होने की आदत चिन्ता का मूल स्रोत बन जाती है। प्राय: देखा जाता है कि धन आने पर मनुष्य अपने मनोरंजन के लिए कीमती चीजें हासिल करने में लग जाता है जिससे मनोरंजन के स्थान पर तनाव ही होता है। यदि हम अपने आसपास मौजूद दुनिया से आनंद लेना सीख जाएं तो जीवन की आधी थकावट मिट जाती है। सुन्दर फूल, छोटी-तितलियां, बच्चे की खिलखिलाहट, नदी की गुनगुनाहट इन सभी चीजों को खरीदना नहीं पड़ता। ये सब चीजें प्रकृति की देन हैं जो हमारे हृदय को हल्का व प्रसन्न कर सकती हैं। वैसे भी सच तो यह है कि खुशी हमारे बाहर नहीं भीतर होती हैं और यह खुशी दुनिया की छोटी-छोटी नियामतों से भी प्रेरित हो सकती है। जिस मनुष्य का जीवन सादा होता है उसे मानसिक व शारीरिक तनाव भी कम होता है।

"यदि तू खुश रहना चाहता है तो चित्र बना, बागवानी कर, घर की टूटी-फूटी चीजों की मरम्मत कर खुशी हासिल करने के ये बहुत साधारण व सस्ते साधन हैं। तेरे पड़ोसी व अन्य लोगों का यह कर्तव्य नहीं कि तेरी खुशी के लिए सुविधाएं प्रदान करें। बल्कि यह तो तेरा अपना कर्तव्य है कि तू स्वयं प्रसन्न रह और दूसरों को भी प्रसन्न रख।"

हर समय शरीर पर ही ध्यान न दें

अनेक लोगों में यह बुरी आदत है कि वे अपने शरीर में कोई न कोई नुक्स ढूंढते रहते हैं। वे सदा अपने शरीर को टटोलते हैं कि कहीं किसी अंग में कोई विकार तो नहीं, कोई दर्द तो नहीं। प्रत्येक मनुष्य को शरीर के किसी न किसी अंग में थोड़ा बहुत दर्द अवश्य रहता है, किन्तु हम उसकी तरफ ध्यान नहीं देते। अतः हमें दर्द महसूस भी नहीं होता।

चीन के प्रसिद्ध दार्शनिक लिन यू टांग का कथन याद रखना चाहिए, "यदि छोटी सी तकलीफ पर धयान न दें तो वह स्वयं समाप्त हो जाती है और यदि बड़ी तकलीफ की ओर ध्यान न दें तो वह कम होकर छोटी सी रह जाती है।"

चिंतित व्यक्ति मामूली तकलीफ की ओर ध्यान देकर उसे राई से पहाड़ बना देता है।

कल्पना करें कि एक व्यक्ति के गले में मामूली सा कष्ट है। वह एक घंटा अपना ध्यान गले के उस दर्द की ओर लगाए तो एक घंटे बाद अनुभव करेगा कि उसके गले में तीव्र पीड़ा हो रही है और गला बन्द हो रहा है। यह एक मामूली सी पीड़ा की ओर ध्यान देने का परिणाम है।

कई बार डाक्टर भी जल्दबाजी में मरीज के हृदय में दिल की अथवा रक्तचाप की बीमारी का भय डाल देते हैं। किसी भी मरीज को उसकी बीमारी को बताने से पूर्व डाक्टर को पूरी तरह आश्वस्त हो जाना चाहिए कि उसे क्या रोग है, अन्यथा मरीज व्यर्थ ही घबरा जाता है, चिन्ता करने लगता है।

काम से प्यार करें

प्रायः लोगों का विचार होता है कि बिना काम-काज के मनुष्य बहुत प्रसन्न रहता है। लेकिन यह सच नहीं। प्रसिद्ध अंग्रेज सेम्युअल स्माइल्ज का

कथन है, "खाली रहना एक बहुत बड़ी लानत है।" बेकार व खाली व्यक्ति को वास्तविक खुशी प्राप्त नहीं होती। यह बात अलग है कि जो लोग कुछ काम करके जीविकोपार्जन करते हैं उन्हें खाली बैठे व्यक्ति बड़े सुखी प्रतीत होते हैं।

प्रत्येक व्यक्ति को खुशी से काम करने की आदत डालनी चाहिए। मनोवैज्ञानिकों ने यह बात सिद्ध कर दी है कि जो मनुष्य खुशी से दिल लगाकर काम नहीं करता, उसका अंतर्मन बुरी भावनाओं से ग्रस्त रहता है जो बहुत से रोगों का कारण बन जाता है और काम न करने से आर्थिक हालत कमजोर होती है। सैम्युअल स्माइल्ज के अनुसार "खाली रहना मनुष्य के दिल को धीरे-धीरे यूं खा जाता है जैसे लोहे को जंग।"

ओरिसन एस० मार्डन इसका खुलासा करते हुए लिखते हैं - काम केवल पुरस्कार या धनोपार्जन के लिए नहीं किया जाता। यह मनुष्य के चरित्र व गुणों को निखारता है। केवल इस बात का सहारा लेकर कि हमें पारिश्रमिक इच्छानुसार नहीं मिलता, हमें लापरवाही और अनुचित ढंग से काम करके अपने चरित्र व गुणों को बिगाड़ने का कोई अधिकार नहीं। हमे अपना काम पूरी ईमानदारी से करना चाहिए। ईमानदारी का अर्थ है कि अपने अपने काम को सोच विचार कर सावधानी से पूरी तरह व ठीक करें। प्रत्येक काम और प्रत्येक विचार में सच्चाई बरतें।

पारिश्रमिक अधिक व काम कम

जॉर्ज डब्लू स्मिथ ने उचित ही लिखा है कि, "यदि आप अपने कार्य को नेक-नीयती से इसलिए नहीं करते कि आपको आपकी ईमानदारी के बदले आय के रूप में नहीं मिलता तो आप स्वयं को हानि पहुंचा रहे हैं, अपने चरित्र को बिगाड़ रहे हैं।

कई लोगो का लक्ष्य कम से कम करके अधिक से अधिक धन कमाने का होता है। ऐसा व्यवहार उचित नहीं, क्योंकि इस प्रकार आप जिसके लिए काम कर रहे हैं, उसका नुकसान तो करते ही हैं लेकिन साथ ही अपने व्यक्तित्व में भी निम्न स्तर का काम करने की आदत डाल लेते हैं जो आपके भविष्य के

लिए हानिकारक सिद्ध हो सकती है। जो लोग ऐसा करते हैं उनका मन अपराध ग्रस्त होता है। इसलिए वह सदैव अशांत व तनावपूर्ण बना रहता है।

यदि काम को केवल जीविकोपार्जन का साधन मानकर ही करें तो उससे हमें कोई लगाव नहीं रहता। हमें यह जानना चाहिए कि काम हमें सिर्फ ध्यान ही नहीं बल्कि आत्मविश्वास व सन्तोष भी प्रदान करता है। काम करते हुए हम निरंतर कुछ न कुछ नया सीखते रहते हैं। अत: कार्य हमारे व्यक्तित्व के विकास में सहायक होता है। काम को यदि रूचि व लगाव से किया जाये तो उससे मनुष्य कभी नहीं थकता। अमेरिका के प्रसिद्ध डाक्टर चार्ल्स मेओ के अनुसार ''मैंने आज तक किसी मनुष्य को अधिक काम करने के कारण मरते हुए नहीं देखा।''

काम को लगन व परिश्रम से करते हुए व्यक्ति बीमार नहीं हो तो व अनावश्यक एवं नकारात्मक विचारों से भी दूर रहता है। कार्य तो प्रत्येक मनुष्य को करना ही पड़ता है। यदि हम हंसी खुशी व रूचि से काम करेंगे तो हमें परिश्रम में सुख व संतोष मिलेगा। लेकिन यदि चिड़चिड़ाते हुए काम करेंगे तो वही काम एक बोझ बन जाएगा जिससे कष्ट ही होगा।

पारिश्रमिक से अधिक काम करें

अपने वेतन से अधिक काम करने के निम्नलिखित लाभ है :-

1. आपके मन पर कोई बोझ नहीं रहता जिससे आपको प्रसन्नता व शांति मिलती है।
2. आपको अपने मालिक का कोई भय नहीं रहेगा बल्कि मालिक को यह भय रहेगा कि कहीं आप नौकरी छोड़कर न चले जाएं।
3. जब आपको यह विश्वास होगा कि आप अपने वेतन से अधिक व अच्छा काम करते हैं तो आपको कहीं भी काम मिल जाने की संभावना रहेगी। बेरोजगारी का भय समाप्त हो जाएगा।

कुछ समय के लिए इस सिद्धांत का अनुकरण करके देखें, आप पाएंगे कि लोग आपको सहर्ष आपके कार्य के अनुसार वेतन देने लगेंगे। विश्व में जो भी महान व्यक्तित्व हुए हैं, वे इसी सिद्धांन्त का अनुकरण कर सफल हुए हैं।

कार्य करने के लाभ

"वे लोग प्रसन्न हैं जो काम करते हैं किन्तु जो अपने काम से प्यार भी करते हैं, वे अत्यन्त प्रसन्न हैं।" जार्ज डब्लू स्मिथ। कार्य करना भी चिन्ता रोग का एक इलाज है। इस विषय में अर्ल ऑफ डर्बी कहते हैं, "काम मनुष्य को छोटी-छोटी परेशानियों व छोटी-छोटी चिढ़ाने वाली बातों से बचाए रखता है।" काम में व्यस्त रहने से मनुष्य के विचार नकारात्मक मोड़ नहीं लेते। इससे शरीर थकता भी है और यह थकावट अच्छी नींद प्रदान करती है। जिन लोगों को चिन्ता के कारण रात को नींद नहीं आती, उन्हें शारीरिक श्रम करने का सुझाव दिया जाता है। काम एक प्रकार का नशा है और यह नशा किसी भी मदिरा से अधिक प्रबल होता है। अतः काम करना चिन्ता रोग की सबसे सस्ती व अच्छी दवा है।

श्री बर्टन के अनुसार, "काम न करना तन और मन दोनों के लिए विष है। खाली बैठे रहना सम्पूर्ण समस्याओं व झगड़ो की जड़ है। मानसिक रूप से खाली रहना शारीरिक परिश्रम न करने से भी अधिक बुरा और हानिकारक है। जैसे स्थिर जल में कीड़े मकोड़े व मच्छर आदि पैदा हो जाते हैं। उसी प्रकार निट्ठल्ले बैठने से बुरे व हानिकारक विचार उत्पन्न होते हैं। इसलिए चाहे कोई कितना भी धनी हो, उसे जीवन की खुशी वास्तविक अर्थों में तभी प्राप्त होती जब वह प्रिय लगने वाला काम करे अथवा अपने कार्य से प्यार करें।

पिछले महायुद्ध के दौरान किसी ने सर विस्टन चर्चिल से पूछा, "क्या आपको अपने काम और जिम्मेदारियों की चिन्ता रहती है ? (उन दिनों चर्चिल दिन में 18 घण्टे काम किया करते थे) तो चर्चिल ने उत्तर दिया, "मैं अपने काम में इतना उलझा हुआ हूं कि मेरे पास चिन्ता करने का वक्त ही नहीं है।"

एक महिला मेरे पास अनिद्रा के इलाज के लिए आई। उसने बहुत उपाय किये। लेकिन उसे नींद नहीं आती थी। मेरे पूछने पर उसने अपनी समस्या बताई "मेरा जवान और इकलौता लड़का घर से लड़कर चला गया है। एक साल से उसका कुछ पता नहीं। उसकी कोई खैर-खबर नहीं। मुझे हर समय उसकी चिन्ता लगी रहती है। मेरी भूख भी मर गई है और नींद भी नहीं आती।"

इस महिला को कष्ट के कारण चिन्ता थी। मैंने उसे सुझाव दिया कि वह

अपने घर का सारा काम अपने हाथों से करे। उसने बात मान ली और घर के छोटे काम से लेकर बड़े से बड़ा काम अपने हाथों से करने लगी। सुबह पांच बजे से रात दस बजे तक काम में जुटी रहती। नतीजा ये हुआ कि रात में थक कर चूर होती और गहरी नींद में सो जाती।

मनोरंजन का साधन अवश्य देखें

प्रत्येक व्यक्ति का पसंदीदा काम, अर्थात हॉबी अवश्य होनी चाहिए। यह मनुष्य को जिम्मेदारियों से निकाल कर बेपरवाहियों की ओर ले जाती है और इस प्रकार व्यक्ति का ध्यान हर समय की खींचतानी से कुछ समय के लिए दूर हो जाता है। हॉबी से व्यक्तित्व का संबंध उनके मनपसन्द चीजों से होता है जिससे वह खुश रहता है।

हॉबी अनेक प्रकार की हो सकती है जैसे खेलना, चित्र बनाना, फोटो-ग्राफी, पुरानी टिकटें इकट्ठी करना, बागवानी इत्यादि। चुटकुले, कहावतें व प्रसिद्ध व्यक्तियों के विचार व कथन इकट्ठे करना भी एक अच्छी हॉबी है।

बिना किसी ऐसे शौक के अपने खाली समय व्यतीत करना कठिन हो जाता है। जैसा कि कहा भी गया है कि खााली दिमाग शैतान का घर होता है। ऐसी स्थिति में मन स्वत: नकारात्मक बातें सोचने लगता है। मनोरंजन चूंकि व्यक्ति का मनोनुकूल कार्य होता है इसलिए उसका ध्यान अन्य बातों की ओर नहीं जाता। इसलिए वह चिन्ता रहित होता है। इस सन्दर्भ में एक केस बताना उचित होगा।

"श्रीमती एन० को 50 वर्षों से पेट में कोई न कोई तकलीफ रहती थी। वह हर समय, हर किसी से अपनी इसी तकलीफ के दुखड़े बताती रहती थी। आसपास के सभी लोग यहां तक कि उसके परिवार के लोग भी उसकी इन बातों से तंग आ चुके थे। उससे बात करना कोई भी पसन्द न करता।

एक दिन जब वह मुझे अपनी तकलीफों के बारे में बता रही थी तो मैंने उसे टोकते हुए कहा, "आप अपनी कोई हॉबी क्यों नहीं रखतीं ?" उसने मेरी यह बात अनसुनी कर अपनी रामकहानी जारी रखी लेकिन लगभग पन्द्रह दिन बाद उसने मुझे फोन पर बताया कि उसने एक हॉबी बना ली है - बटन इकट्ठे करना।

तब से मैं उसे अनेक प्रकार के बटन इकट्ठे करते देख रहा हूं। इस हॉबी ने

उसके स्वास्थ्य को बहुत लाभ पहुंचाया। वह पहले से काफी अच्छी गई। अब वह हर किसी से अपने रोग का दुखड़ा नहीं बताती, बल्कि अपना शौक व उनके शौक के बारे में बातचीत करती, उसने आस-पड़ौस में दोस्त भी बना लिये''

मनोरंजन मनुष्य को चिन्ता रोग से तो दूर रखता ही है, मनोरंजन के रूप में किया गया काम उसके लिए एक बड़ी उपलब्धि भी होती है जिससे उसके भीतर आत्मविश्वास व उत्साह बना रहता है।

सन्तुष्ट रहना सीखें

सन्तुष्ट व्यक्ति कभी निर्धन और असन्तुष्ट व्यक्ति कभी धनी नहीं होता। यद्यपि पैसे के बिना मनुष्य निर्धन होता है। लेकिन ऐसा धनी अधिक निर्धन है जिसके पास धन के अतिरिक्त और कुछ नहीं है। प्रत्येक व्यक्ति को अपनी वर्तमान परिस्थितियों से सन्तुष्ट रहना सीखना चाहिए। असंतोष के अनेक कारण हो सकते हैं। कई लोग इसलिए असंतुष्ट रहते हैं कि उनके द्वारा किये गये उपकारों के प्रति अन्य लोग कृतज्ञता नहीं करते। जब कोई व्यक्ति उसका आभारी रहेगा। किंतु यह आशा ही असंतोष का मूल बन जाती है क्योंकि उपकार को भूल जाना एक आम आदत है। अमेरिका के करोड़पति हैनरी फोर्ड ने अपने बहुत से संबंधियों व मित्रों को आर्थिक सहायता की थी। लेकिन आपको जानकर आश्चर्य होगा कि बाद में उनमें से अनेक लोग ही उसके शत्रु बन गये। अत: कोई भी नेक काम करके भूल जायें। आप उपकार इसलिए करें चूंकि आपको ऐसा करने से शांति व खुशी मिलती है, इसलिए न करें कि आपको दूसरे व्यक्ति से कृतज्ञता की उम्मीद है।

उचित प्रकृति तो यह है कि यदि कोई व्यक्ति आपकी सहायता करता है उसे जी भरकर धन्यवाद दें और यदि आप किसी की सहायता करते हैं तो ध न्यवाद की आशा न रखें।

असन्तोष की आदत बचपन से ही पड़ जाती है और प्राय: यह आदत बच्चे-मां, बाप से ही ग्रहण करते हैं। अत: अपने मौजूदा हालात के प्रति सदैव शिकायत करते रहने की बजाय उनका सकारात्मक पहलू देखकर प्रसन्न व सन्तुष्ट रहने का प्रयास करें।

स्पेन की कहावत है, जो हम पसन्द करते हैं, वह हमें मिल नहीं सकता।

इसलिए जो कुछ मिलता है, उसे ही पसन्द कर लो। रोजमर्रा के जीवन में असंतोष की अपेक्षा संतोष हासिल करना सुगम है। आवश्यकता इस बात की है कि आपके भीतर संतुष्ट रहने की इच्छा हो। बहुत से लोग मानते हैं कि जीवन दुखों की खान है लेकिन यदि आप संतुष्ट रहना सीख जाएं तो यही जीवन सुख व आनन्द का खजाना बन सकता है।

इस संदर्भ में एक वृद्ध का कथन याद आता है, ''मैंने सिर्फ एक बार छोड़कर अपनी अवस्था की कभी शिकायत नहीं की। एक बार शिकायत तब की, जब मेरे पैर नंगे थे और मेरे पास जूते खरीदने के लिए पैसें नहीं थे। लेकिन जब मुझे ऐसा व्यक्ति मिला, जिसके पैर ही नहीं थे, तो मेरे मन में संतोष आ गया।''

एक मध्यम वर्ग के व्यक्ति का उदाहरण लें। सबसे पहले उसकी इच्छा हुई एक बढ़िया व महंगा कैमरा लेने की। इतने पैसे उसके पास न थे लेकिन उसने वह खरीद ही लिया। फिर उसका मन हुआ प्रोजेक्टर खरीदने का। प्रोजेक्टर के लिए भी उसने जैसे तैसे पैसे इकट्ठे किये व खरीद लिया। फिर इच्छा हुई कि कूलर खरीद लें। यह भी हैसियत से बाहर था, फिर भी उसने कूलर खरीद लिया। परिणाम यह हुआ कि उसके परिवार में दिन प्रतिदिन की जरूरतों को पूरा करना भी कठिन हो गया। उसके मन का चैन छिन गया। सारी मनचाही चीजें खरीदने के बाद भी वह व्याकुल था और मन में हर समय यही उहापोह लगी रहती कि ये लूं, ये ना लूं।

इस व्यक्ति के लिए उचित बात तो यह थी कि वह उन वस्तुओं से खुश होने का प्रयास करता जो उसे सहज प्राप्त हो सकती थी। किन्तु वह इसके ठीक विपरीत आचरण कर रहा था, जिसका परिणाम मानसिक अशांति थी।

संतोष मनुष्य की एक बहुत बड़ी पूंजी है। यह मनुष्य को स्वार्थी बनने से रोकता है और ईर्ष्या के विचार का भी हनन करता है। संतोष के संदर्भ में ईरान की यह लोककथा बहुत प्रसिद्ध है।

ईरान का एक बादशाह चिन्ता रोग का शिकार हो गया। बहुत इलाज करवाने पर भी उसे आराम न आया। अन्त में एक समझदार व्यक्ति ने उसे सलाह दी कि वह अपने राज्य के सबसे संतुष्ट व्यक्ति की एक कमीज पहने। बादशाह ने किसी पूर्ण संतुष्ट व्यक्ति की खोज का आदेश दे दिया। आश्चर्य की बात है कि उसके राज्य के सबसे संतुष्ट व्यक्ति के बदन पर कमीज ही नहीं थी।

प्रसिद्ध मनोवैज्ञानिक शोपेनहार कहते हैं, "जो कुछ हमारे पास होता है उस ओर हम ध्यान नहीं देते और जो कुछ हमारे पास नहीं होता, उसके विषय में हम हर समय सोचते रहते हैं। यह हमारे सम्पूर्ण दुखों का कारण है।"

हमारी मानसिक शांति इस बात पर निर्भर नहीं कि हम क्या हैं, कहां रहते हैं या हमारे पास कितना धन है। ये केवल हमारे निजी विचारों पर निर्भर है। पैसा केवल शारीरिक सुख की वस्तुएं देता है, मानसिक सुख केवल पैसे से प्राप्त नहीं होता। संतोष व असंतोष मन की दो अवस्थाएं हैं। इनका सम्बन्ध वाह्‌य वस्तुओं से नहीं, मनुष्य के अंर्तमन से है। अनेक लोग बहुत कुछ होते हुए भी प्रसन्न नहीं रहते। उनके पास धन होता है लेकिन उन्हें और भी धन की इच्छा होती है। अभाव की यह भावना उन्हें निर्धन बना देती है। सब कुछ होते हुए भी उनके हृदय में असंतोष व अशांति रहती है। इस संदर्भ में यह प्रश्न प्रायः उठता है कि क्या संतोष मनुष्य को सुस्त नहीं बना देता ? क्या यह मनुष्य की उन्नति में बाधा नहीं है ?

लेकिन यह उचित नहीं। संतुष्ट रहने से हमारा आशय है कि अपने हालात सुधारने का प्रयत्न छोड़ना नहीं है। संतुष्ट रहने से हमारा अभिप्राय है वर्तमान परिस्थितियों में प्रसन्न रहते हुए शांति से बेहतरी का प्रयास करना। सफलता की सीढ़ी एक-एक करके ही चढ़ी जाती है, अतः एक बहुत ऊँचा लक्ष्य बनाकर चलने की बजाए हमें निरंतन धीरे-धीरे सफलता के प्रति प्रयासरत रहना चाहिए।

घृणा न करें

"यदि आप प्यार नहीं कर सकते तो घृणा भी न करें।" आज की दुनिया में हम एक-दूसरे के बहुत करीब रहते हैं। अनेक अजनबी लोगों से बसों, रेल-गाड़ियों इत्यादि में मिलते हैं। हमें उन्हें पसन्द न करना मानसिक शांति के लिए बहुत हानिकारक है। मामूली सी बात पर किसी से नाराज होकर मन की शांति भंग करना मूर्खता है।

जो लोग हमारे विचारों से सहमत नहीं है उनसे हमें घृणा नहीं करनी चाहिए। बल्कि उनके दृष्टिकोण को समझने का प्रयत्न करना चाहिए।

कई लोगों की आदत होती है सदा दूसरे लोगों में नुक्स निकालते रहने की। कभी किसी की प्रशंसा नहीं करते, निन्दा करना उनकी आदत बन जाती है। ऐसे लोग प्राय: चिन्ता रोग से ग्रस्त हो जाते हैं। उन्हें सदैव यह शिकायत रहती है कि दुनिया में उनका सम्मान करने वाला कोई नहीं है। लेकिन वास्तविकता यह है कि ''जिसे कोई अच्छा व्यक्ति नजर नहीं आता, निश्चित है कि वह स्वयं अच्छा नहीं।''

मेरा एक रोगी सरकारी दफ्तर में हैड क्लर्क है, वह सदा ही बीमार रहता था। जब उसकी तकलीफ शुरू होती है तो उसका सारा शरीर कांपने लगता था, बेहद कमजोरी आ जाती है और चक्कर आने शुरू हो जाते हैं। कुछ समय में ही उसे यह दौरा अक्सर आने लगा। दरअसल यह बीमारी उसने खुद ही लगाई थी। उसका एक सहायक क्लर्क था। जब वह पहली बार दफ्तर में आया तो हैड क्लर्क को अच्छा न लगा। सहायक को पान खाने की आदत थी व काम करते हुए जमीन पर पैर मारते रहने की भी आदत थी। पैरों की हरकत से लगातार टिक-टिक की आवाज आती रहती। हैड क्लर्क को यह चीज भी अच्छी नहीं लगती थी। हैड क्लर्क को उससे धीरे-धीरे नफरत होने लगी और अंतत: यह नफरत उसकी बीमारी का कारण बन गई। जैसे ही वह दफ्तर जाता, उसकी तकलीफ शुरू हो जाती। बाद में उसकी यह हालत हो गई कि अपने इस सहायक के ख्याल से ही उसे दौरा पड़ने लगता।

मैंने उसे सुझाव दिया कि वह अपने सहायक से दोस्ती करे, उसके अच्छे व्यवहार की प्रशंसा करें तथा उसके दोषों पर ध्यान देना छोड़ दो।

उसने मेरे सुझाव का पूर्णत: पालन किया और कुछ ही समय में वह बिल्कुल स्वस्थ हो गया।

संभव है कि आपको हर व्यक्ति की हरेक आदत पसन्द न आए लेकिन उसे नापसन्द करना अनुचित है। जो लोग ऐसा करता हैं वे बहुत आत्म-केन्द्रित होते हैं और मित्र नहीं बना पाते और परिणामस्वरूप जब वे स्वयं को अकेला पाते हैं तो उनमें हीन भावना जन्म लेती है, जो उन्हें दुखी कर देती है।

समाज में कोई भी व्यक्ति अकेला नहीं रह सकता। हम सब एक दूसरे के सहारे जीते हैं। अत: सुखपूर्ण जीवन व्यतीत करने के लिए आवश्यक है कि हम

अपना अकेलापन छोड़, दूसरे लोगों से मिलजुलकर रहें। जब हम किसी से घृणा करते हैं तो अपनी ही प्रसन्नता, स्वास्थ्य व नींद खो बैठते हैं।

जब मनुष्य घृणा के प्रबल आवेग में जकड़ जाता है तो उसका विवेक भी ठीक प्रकार काम नहीं करता। भारत के बंटवारे के समय जो भयानक व पाशविक अत्याचार दो सम्प्रदायों के बीच हुए, वे घृणा के ही परिणाम थे और उससे किसी का भला नहीं हुआ।

"लोरेंस स्कावेल अपनी पुस्तक ''गेम ऑफ लाइफ'' में लिखते हैं, ''यदि आप किसी से घृणा करते हैं तो इसके बदले आपको घृणा ही मिलेगी। यदि प्यार करते हैं तो प्यार मिलेगा। जो बोओगे, वही काटोगे। यह प्रकृति का नियम है। इसमें न कोई अदला-बदली हो सकती है, न कोई कुछ कर सकता है।''

प्रत्येक व्यक्ति का स्वभाव व आचार - विचार भिन्न होता है। यदि दूसरे के आचरण से हमारा मतभेद हो, तो भी उससे घृणा करना मूर्खता है।

कल्पना करें कि किसी व्यक्ति ने कोई बुरा काम करके आपको नुकसान पहुंचाया है और आप उसके इस कृत्य के प्रति रोष प्रकट करना चाहते हैं। ऐसी अवस्था में स्वयं पर संयम रख, इस प्रकार रोष प्रकट करें ताकि उस व्यक्ति के हृदय में आपके प्रति क्रोध या नफरत पैदा न हो। यदि कोई व्यक्ति बार-बार समझाने पर भी बुरा काम करने से बाज नहीं आता, तो उचित सख्ती बरतें। लेकिन यह भी बदले की भावना से नहीं करना चाहिए।

कई बार क्रोध प्रकट करना आवश्यक व समयानुकुल भी होता है। किंतु छोटी-छोटी बात पर चिड़चिड़ाना स्वास्थ्य के प्रति हानिकारक होता है।

यदि आप अपने शत्रु से घृणा करने की आदत डाल लेंगे तो धीरे-धीरे आप अपने मित्रों से भी वैसा ही व्यवहार करना शुरू कर देंगे। इस विषय में एफ० डब्लु० एबर्टसन के यह शब्द उपयुक्त बैठते हैं, ''यदि आपको घृणा ही करनी है, तो झूठे दिखावे, बेईमानी, बुजदिली, अत्याचार क्रोध व ईष्या से घृणा करें।''

ईष्या छोड़ दें

ईर्ष्या भी घृणा की तरह एक नकारात्मक भाव है। ईर्ष्या से प्रेरित होकर मनुष्य चीजों को आतिशी शीशे से देखने लगता है और राई का पहाड़ बनाकर

झूठ को सच बना देता है।

ईर्ष्या प्राय: उस समय पैदा होती है जब मनुष्य उस वस्तु को प्राप्त करना चाहता है जो दूसरों के पास तो है लेकिन उसके पास नहीं। ईर्ष्या से प्रेरित होकर हम यह सोचने लगते हैं कि हम किन-किन चीजों से वंचित हैं और यह नहीं देख पाते कि कौन-कौन सी अच्छी चीजें हमारे पास हैं। नतीजतन हम चिन्ता रोग के शिकार हो जाते हैं।

यह बात ध्यान देने योग्य है कि ईर्ष्या प्राय: उनसे की जाती है जो हमारे परिचित अथवा संबंधी हैं। ईर्ष्या आत्म-प्रेम व स्वार्स्थ के साथ-साथ भय और घृणा भी उत्पन्न करती है। इसके वशीभूत होकर हम अन्य लोगों के साथ अच्छे सम्बन्ध नहीं बना सकते क्योंकि यह हमेशा दूसरों के प्रति एक वैर भाव को हृदय में जीवित रखती है।

इस संदर्भ में इब्राहम लिंकन ने उचित ही कहा है, "जो स्वयं बेघरबार है उसे दूसरों के घर नहीं गिराने चाहिए। बल्कि खुद को शक्तिशाली व होशियार बनाकर अपना घर बनाने का पूरा प्रयत्न करना चाहिए।"

छोटी-छोटी बातों पर न चिढ़ें

इस जीवन में हर व्यक्ति का कोई न कोई दुख अथवा चिन्ता बनी ही रहती है। यही जीवन का नियम है। कारोबार अथवा घरेलू मामलात में ऐसा होना स्वाभाविक ही है। लेकिन जहां तक संभव हो, हमें छोटी-छोटी बातों पर ध्यान देकर स्वयं को चिंतित व तनावग्रस्त नहीं होने देना चाहिए। जीवन एक बार ही मिलता है। अत: समय बहुत मूल्यवान है। जहां तक हो सके अपने समय को प्यार, सहानुभूति, सेवा खुशी में बिताने का प्रयत्न करना चाहिए।

कृतघ्नता

अनेक लोग इसलिए नाराज हो जाते हैं कि दूसरे लोग उनके द्वारा किये गये उपकारों का सम्मान नहीं करते वरन उन्हें भूल जाते हैं । लेकिन इस बात पर नाराज अथवा दुखी होना उनकी भूल है।

ईसा मसीह ने एक बार दस कोढ़ियों को अपने आध्यात्मिक तेज से ठीक कर दिया था लेकिन जब उन्होंने पीछे मुड़ कर देखा, तो उनमें से 9 कोढ़ी उनका धन्यवाद किये बिना ही जा चुके थे। केवल एक कोढ़ी दूर खड़ा था, जो

दूर से ही धन्यवाद देकर चलता बना। यदि ईसा मसीह से लोगों का यह व्यवहार था तो आप इससे बेहतर व्यवहार की आशा नहीं रख सकते।

प्राय: लोग कृतघ्न होते हैं । कृतघ्न होना बहुत आसान है और कृतज्ञ होन बहुत कठिन । किसी व्यक्ति को कृतज्ञता की आदत डालने के लिये उसे बचपन से ही कृतज्ञ होने की शिक्षा देनी चाहिये । बच्चे प्राय: मां बाप की ही नकल करते हैं । यदि मां-बच्चों के सम्मुख किसी के द्वारा किये गये उपकार अथवा सहायता का धन्यवाद करते हैं तो बच्चे भी कृतज्ञ होना सीखें जाते हैं अन्यथा नहीं । उदाहरण के लिये मान लें कि आपकी बहन ने आपको एक स्वेटर भेजा है । आपको चाहिये कि आप बच्चों के सामने अपनी बहन की स्वेटर की प्रशंसा करें तथा बहन को धन्यवाद भी दें इससे आपकी बहन तो खुश होगी ही आपके बच्चे भी कृतज्ञता धीरे-धीरे सीख जायेंगे ।

किसी को धन्यवाद देना, उसे बिना किसी प्रयास के प्रसन्न करना है । ध न्यवाद करने के तीन प्रमुख लाभ हैं:-

1. लोगों से काम करवाने का यह सुगम तरीका है ।
2. लोगों में आप लोकप्रिय हो सकते हैं ।
3. इस प्रकार लोगों से सरलतापूर्वक संवाद बनाया जा सकता है ।

आस-पड़ौस में रूचि लें

दूसरों की भलाई में अपना तन-मन लगाओ, अपने काम में स्वयं को भूल जाओ, प्रसन्न जीवन का यही राज है ।

अपने आस-पड़ोस के लोगों से मित्रता करें तथा उनके क्रिया-कलापों में उचित रूचि लेकर उसकी सहायता कर । किसी की निजी जिन्दगी में दखलन्दजी न करें । किन्तु सामाजिक दायित्व अवश्य निभाएं । इससे परिचितों की संख्या बढ़ती है व आपके पास-पास मैत्रीपूर्ण वातावरण स्थापित होता है । डाक्टर एल्फ्रेड अपनी पुस्तक में लिखते हैं, ''इस विश्व में सबसे अधिक कठिनाईयों का सामना वह व्यक्ति करता है जो अपने भाई बन्धुओं व मित्रें में दिलचस्पी नहीं लेता । दूसरे लोगों से हानि भी ऐसे ही व्यक्ति को पहुंचती हैं ।''

सदैव मधुर बोलें

अनेक लोग ऐसे हैं, जिनकी जबान हमेशा कड़ी रहती है । वे कभी मधुर नहीं बोलते और इस प्रकार अपना तथा दूसरों का जीवन दुखपूर्ण बना देते हैं। मीठा बोलने से वे दूसरों को तो खुश करते ही हैं, अपने आस पास भी सौहार्दपूर्ण वातावरण बना लेते हैं । कड़वे बोल प्रायः सम्बन्धों में गलतफहमी पैदा कर देते हैं । मधुर बोलना सबसे सरल है और यह आपको समाज में लोकप्रिय भी बनाता है तथा आपके अंतर्मन को स्वस्थ रखता है।

सदैव हसंते हुये उठें

सुबह सोकर उठने के बाद मन में हंसी-खुशी के विचार लाने का प्रयत्न करें । यदि घर के पास पास बगीचा है तो उस पर नजर दौड़ायें । फूल व हरियाली आपको खुश रहने के लिये प्रेरित करेगी । आस पास के लोगों से मधुर संवाद करें तथा ईश्वर ने जो कुछ आपको दिया है, उसके लिये ईश्वर को ध न्यवाद दें । जीवन के उज्जवल पहलू की ओर ध्यान दें । यह व्यवहार शेष सारा दिन खुशी व शान्ति से व्यतीत करने में आपकी सहायता करेगा।

जब आप सुबह उठकर हसेंगे प्रकृति की प्रशंसा करेंगे तथा ईश्वर को ध न्यवाद देंगे तो आपके हृदय में अच्छे विचार पैदा होंगे। परन्तु यदि आप नकरात्मक विचारधारा व उदास मन से जागेंगे, दूसरों से लड़ेगें व ईश्वर को कोंसेगे तो स्वाभाविक है कि आपके मन में बुरे आवेग ही पैदा होंगे जो आपको दिन भर क्रोधित व उग्र बनाते रहेंगे ।

मनुष्य का हंसमुख होना एक महत्वपूर्ण गुण है । हंसने से चेहरे पर झुर्रिया नहीं आती व हंसना रक्तचाप को नियंत्रित रखता है, जिससे हम अनेक रोगों से बचे रहते हैं । अपने परिवार से हंसना बोलना चाहिये और बच्चों को भी खिलखिला कर हंसने की आदत डालनी चाहिये । टेलीरेंड के अनुसार ''हंसो और मोटे हो जाओ'' अतः हंसना प्रत्येक रोग की दवा होती है ।

अपने संकटों का समाधान शीघ्र निर्णयों से करें -

जो मनुष्य इस बात से डर कर तुरन्त फैसला नहीं करता कि वह कोई गलती न कर बैठे, तो जब भी वह कोई निर्णय करता है, गलत ही करता है

''जैम्स एलन''।

प्रत्येक व्यक्ति को अपने कार्य व्यवहार व घर के विषय में अनेक प्रकार के निर्णय करने पड़ते हैं। बहुत से लोग छोटी सी बात पर भी बहुत देर तक सोचते रहते हैं फिर भी किसी निर्णय पर नहीं पहुंचते। ये चिंतित होने पर आत्मविश्वास से रहित होने का चिह्न भी होता है किसी बात को बार-बार सोचने से किसी उचित निर्णय पर पहुंचना और भी कठिन हो जाता है और आवश्यकता से अधिक सोचते रहने से सिर में दर्द भी हो जाता है ।

कहा जाता है कि नेपोलियन वाटरलू का युद्ध जीत जाता, यदि वह आक्रमण करने का निर्णय शीघ्र ले लेता । वह दोपहर तक कोई निर्णय न ले पाया और नतीजतन लड़ाई हार गया ।

अत: हमें आवश्यकता से अधिक किसी विषय में सोच कर निर्णय टालते नहीं रहना चाहिये । दुविधा चिन्ताओं का स्रोत होती है । अत: शीघ्र निर्णय करना चाहिये और उस पर दृढ़ रहना चाहिए। सर विलियम जैम्स के अनुसार, ''जब एक बार निर्णय कर लो तो उसके परिणाम की चिन्ता न करते हुए उसे पूर्ण करने के लिये अपना पूरा मनोबल लगा दो।''

यहां आशय यह नहीं कि कोई भी निर्णय हड़बड़ाहट में लिया जाए । बल्कि तात्पर्य यह है कि सोच समझ कर निर्णय लिया जाए, उसे अनावश्यक चिन्ता से टाला न जाये । दुविधा में रहने व तुरन्त निर्णय न ले पाने से निम्नलिखित हानियां होती हैं जैसे चिन्ता, रोग लग जाता है, निर्णय उचित नहीं हो पाता, बार-बार निर्णय बदलने से आत्मविश्वास खत्म हो जाता है, मन अशांत रहता है ।

इस संदर्भ में एक बात और याद रखने योग्य है वह है विलियम ऑसलर का सुनहरा सिद्धान्त, ''आज के दिन केवल आज के कामों के विषय में ही सोचो ।" आने वाले अर्थात भविष्य की बातों के बारे में पहले से ही सोचकर सिर दर्द या पेट दर्द आदि जैसे रेाग न लगा लें और यदि अतीत में कोई गलत फैसला करके आपने कष्ट भोगा है तो उसकी चिन्ता का घुन लगा कर वर्तमान में बीमार होने का निर्णय लाभ नहीं है, बल्कि अतीत की गलतियों से सीखकर अपने निर्णयों को सुधारने का प्रयत्न करें ।

भविष्य में क्या हो, इस बात का अविश्वास मनुष्य के भीतर घबराहट व चिन्ता उत्पन्न करता है । इस तथ्य को मनोवैज्ञानिकों ने निम्नलिखित उदाहरण द्वारा पुष्ट किया है - लोहे का एक ऐसा पिंजरा लें जिसके अंदर दो भाग हों। उसका एक दरवाजा काले रंग तथा दूसरा सफेद रंग का हो । सफेद दरवाजे के पीछे रोटी रख दें। काले दरवाजे के साथ एक बिजली का तार लगा दें । जब चूहा काले दरवाजे की ओर भागेगा तो उसे करंट लगेगा परन्तु जब वह सफेद दरवाजे की ओर जाएगा तो उसके पीछे रोटी मिलेगी । इसलिये वह रोटी के लिये हर बार सफेद दरवाजे की ओर जायेगा । फिर आप बिजली का तार सफेद दरवाजे में लगा दें और रोटी काले दरवाजे के पीछे रख दें । जब जब चूहा सफेद दरवाजे की ओर जायेगा तो उसको रोटी मिलने की जगह बिजली का करंट लगेगा। इस प्रकार बिजली का तार व रोटी को बार-बार कभी सफेद दरवाजे और कभी काले दरवाजें के पीछे रख दें । इससे चूहे के भीतर अविश्वास व अनिश्चितता का भय पैदा हो जायेगा और वह निर्णय नहीं कर पायेगा कि रोटी किस दरवाजे के पीछे है। कुछ समय बाद आप पायेंगे कि चूहा पिंजरे में घबराया हुआ इधर-उधर ठोकरें मार रहा है और कई बार उसका शरीर लकड़ी की भांति कठोर हो जाता है।

चूहे का यह उदाहरण चिंतित मनुष्य पर चरितार्थ है। हमें सदा यह ध्यान रखना चाहिए कि गलतियां तो हरेक से होती हैं। विश्व प्रसिद्ध हस्तियों ने भी महान सफलता पाने से पूर्व गलतियां की थी। अत: गलतियों से कभी घबरा कर निर्णय टालना नहीं चाहिए। कहा जाता है, ''गिरते हैं शहसवार ही मैदाने जंग में।'' शहसवार वही बन सकता है, जो गिरने पर भी हार नहीं मानता। यदि आप आज असफल रहे तो जरूरी नहीं कि भविश्य में भी आप असफल हो जाएं। दरअसल, असफलतायें हमें यह सिखाती हैं कि हमें क्या करनी चाहिए व क्या नहीं करना चाहिए।

कालिदास द्वारा रचित एक श्लोक है कि जिसका अर्थ हमें सदैव याद रखना चाहिए, ''कल जो बीत गया, वह एक स्वप्न है। कल जो आना है, वह एक ख्याल है। परन्तु आनंदपूर्ण तरीके से व्यतीत हुआ आज का दिन अतीत के स्वप्न प्रसन्नतापूर्ण और भविष्य के ख्याल को आशापूर्ण बना देता है। इसलिए

आज के दिन पूर्ण सुख व आनन्द लो।''

बहुत से लोग इस आशा में जीते रहते हैं कि वे भविष्य में बहुत सुखी व प्रसन्न होंगे। वर्तमान क्षण, जो उनके हाथ में है उसे गंवा कर, जो अनिश्चित है उस भविष्य पर विश्वास किसे बैठे रहते हैं। एक बालक सोचता है कि कॉलिज जाकर मौज होगी। युवा होकर सोचता है कि परिवार बन जाये तो वह सुख से रह सकेगा। इस प्रकार लगभग सारा जीवन अच्छा समय आने की प्रतीक्षा में बीत जाता है। अंत में एक ऐसा समय आता है जब मनुष्य के लिए अतीत ही होता है, भविष्य नहीं और तब उसे यह सोचकर क्षोभ होता है कि उसने अपना सारा जीवन इंतजार और चिन्ता में ही बिता दिया।

भावी संकटो के विचार से अपने जीवन को कभी दुखी नहीं बनाना चाहिए क्योंकि उनमें से 95 प्रतिशत संकट वास्तविक रूप में घटित नहीं होते। इन संकटो का महज भय ही हमारे जीवन को नीरस व दुखपूर्ण बना देता है।

इस बात का प्रमाण बीमा कंपनिया हैं। मनुष्य बीमा इसी भय से करवाता है कि कहीं उसकी मृत्यु अचानक न हो जाये। बीमा कंपनी वाले शीघ्र ही व्यक्ति को विश्वस्त कर बीमा करवा लेते हैं क्योंकि वे जानते हैं जिस आने वाली दुर्घटना से से डरकर वह व्यक्ति बीमा करवा रहा है, वह घटित नहीं होगी। यदि यह बात सत्य न हो तो कोई भी बीमा कंपनी सफल न हो, सबका दीवाला निकल जाये परन्तु मनुष्य के इस भय व भविष्य की चिन्ता करने की प्रवृत्ति का लाभ उठाते हुए बीमा कंपनियां हर वर्ष लाखों करोड़ों रूपये कमा रही हैं।

श्री ''पी'' का उदाहरण ही लें - वे अच्छे खासे समृद्ध व्यक्ति हैं। उनहें 12 वर्षो से यह भ्रम है कि उन्हें कोई रोग है और शीघ्र ही उनकी मृत्यु हो जाएगी। इसलिए एक बड़ी रकम का बीमा उन्होंने करवा लिया है लेकिन अब तक वे जीवित हैं और इस भय से कि कहीं शीघ्र ही मृत्यु न हो जाये, वे न अच्छा खा पाते हैं, न ही अच्छा पहन पाते हैं।

इस बात का प्रमाण बीमा कंपनियां हैं। मनुष्य बीमा इसी भय से करवाता है कि कहीं उसकी मृत्यु अचानक न हो जाये। बीमा कंपनी वाले शीघ्र ही व्यक्ति को विश्वस्त कर बीमा करवा लेते हैं क्योंकि वे जानते हैं जिस आने वाली दुर्घटना से डरकर वह व्यक्ति बीमा करवा रहा है, वह घटित नहीं होगी। यदि यह बात

सत्य न हो तो कोई भी बीमा कंपनी सफल न हो, सबका दीवाला निकल जाये। परन्तु मनुष्य के इस भय व भविष्य की चिन्ता करने की प्रवृत्ति का लाभ उठाते हुए बीमा कंपनियां हर वर्ष लाखों करोड़ो रूपये कमा रही हैं।

हर समय अपने भविष्य की चिन्ता में रहना सर्वथा मूर्खता है क्योंकि चिन्ता तो हमारे भविष्य को बदल नहीं सकती। भविष्य को अच्छा व आनन्दमय बनाने का केवल एक ही उपाय है कि वर्तमान को प्रसन्नतापूर्वक व्यतीत करें।

जल्दबाजी से बचें

जिस प्रकार किसी भी कार्य अथवा निर्णय को टालते रहना अनुचित व हानिकर है, उसी प्रकार अनावश्यक जल्दबाजी का परिणाम भी बुरा होता है। जल्दबाजी मनुष्य के शरीर में तनाव उत्पन्न कर देती है। हड़बड़ाहट मन को अशान्त करती है। महानगरों के जीवन में जल्दबाजी अपेक्षाकृत अधिक घर कर गई है और यही जल्दबाजी लोगों को अनेक प्रकार के रोगों का शिकार बना रही है। जल्दबाजी से पैदा हुई घबराहट से बचने का एक तरीका यही है कि जो काम करवाना हो, उसके निश्चित किये समय से 10-15 मिनट पहले ही उसे करने के लिए तैयार हो जायें। अमेरिका में प्रत्येक काम इतनी शीघ्रता से किया जाता है कि हर व्यक्ति दौड़ता ही नजर आता है। नतीजतन प्रायः अमेरिकी लोग ब्लड प्रेशर के मरीज हो जाते हैं।

जल्दबाजी से दुर्घटना होने की संभावना भी अधिक रहती है। प्रायः दुर्घटनाओं के दो कारण होते हैं। जल्दबाजी और अपने काम की और पूरा ध्यान न देना। अतः हर काम हमें तसल्ली व विवेक से करना चाहिए।

ध्यान रखें

- जीवन सादा रखें। सादगी जैसा कोई आभूषण नहीं।
- बीमारी की चिन्ता बीमारी को और अधिक बढ़ाती है।
- अपने काम से प्यार करें। उसे पूर्ण रूचि व लगन से करें।
- मनोरंजन का कोई साधन, कोई हॉबी अवश्य होनी चाहिए।
- जीवन में संतुष्ट रहकर बेहतरी का प्रयास करना सीखें।

- घृणा न करें। नफरत की आग नफरत करने वाले को ही जलाती है।
- छोटी-छोटी बातों पर चिड़चिड़ाएं नहीं।
- आस-पड़ोस के लोगों में दिलचस्पी लें, उनकी उचित सहायता करें।
- सदा मधुर बोलें। लोगों को खुश रखने व लोकप्रिय होने का यह सबसे सरल उपाय है।
- प्रातः हंसते हुए उठें। ईश्वर को धन्यवाद दें। इससे सारा दिन प्रसन्नतापूर्वक बीत जाता है।
- परिवार के साथ हंसे-बोलें, स्वस्थ संवाद रखें। मनुष्य के लिए प्रसन्नचित्त रहना उतना ही आवश्यक है जितना हरियाली के लिए धूप।
- कठिनाइयों का हल तुरन्त निर्णय से लें। दुविधा व अनिश्चय रोग का मूल है।
- वर्तमान क्षण का आनन्द लें। ऐसा करने से भविष्य भी सुखमय बनेगा।
- जल्दबाजी न करें। हड़बड़ाहट में किये गये काम मे कुछ न कुछ गलतियां रह जाती हैं।

परिवार में प्यार होना आवश्यक है

आनन्दमय जीवन के लिए परिवार में प्यार व सहानुभूति का होना जरूरी है। यदि परिवार के व्यस्क सदस्यों में तनाव, लड़ाई-झगड़ा और खींचातानी रहे तो बच्चों का स्वभाव भी वैसा ही हो जाता है। परिवार के सभी सदस्यों में एक-दूसरे के लिए शुभकामनाएं, सहानुभूति और दूसरे के नजरिये को समझने की भावना हो तो बच्चों में स्वयं ही सद्भाव का गुण उत्पन्न हो जाता है।

आपका परिवार : अपने हृदय में सदा यह विचार करें कि आपका परिवार कैसा है। क्या परिवार में सौहार्द है ? क्या हम मिलजुलकर रहते हैं। एक दूसरे की सहायता करते हैं ? आप स्वयं अपने परिवार की कमजोरियां व अच्छाई इन प्रश्नों के उत्तर के रूप में जान सकेंगे। जो कमियां हैं उन्हें दूर करने का निरंतर प्रयास करते रहें क्योंकि परिवार में संतोष, शांति व सुख का होना एक व्यक्तिगत जीवन के लिए ही आवश्यक नहीं वरन् पूरे समाज के सुखकर जीवन के लिए जरूरी है।

आपका घरः राबर्ट फास्ट ने लिखा है, ''घर एक ऐसा स्थान है, जहां जिस समय भी आप जाना चाहें आपके लिए दरवाजा खुला होता है।''

किसी इमारत की सुन्दर छतें, सुन्दर मूल्यवान बर्तन, पंखे, फर्नीचर आदि एक अच्छा घर नहीं बनाते। एक खुशनुमा घर उसमें प्यार से रहने वाले परिवार से बनता है। अतः अपना घर ऐसा बनाएं जिसमें प्रत्येक सदस्य यह महसूस करे कि यह विश्व का सबसे प्यारा व खुशनुमा स्थान है।

खुशहाल परिवार के लिए निम्नलिखित बातें आवश्यक है :-

- रहन-सहन सादा रखें। खुशी एक ऐसी भावना है जो मन के भीतर रहती है, उसे बाहरी सुख-सुविधाएं ज्यादा प्रभावित नहीं करतीं।
- एक-दूसरे की सहायता करें। प्रसन्न परिवार के लिए संगठन की भावना होना आवश्यक है।
- पराजय को विजय में बदलें। समयानुसार स्वयं को भी बदल लें। यही समझदारी है।
- प्यार के बिना परिवार व्यर्थ है। परिवार के सभी सदस्यों में समान प्यार व सौहार्द होना चाहिए।
- सुन्दर इमारत व फर्नीचर एक अच्छा घर नहीं बनाते। एक अच्छा घर उसमें रहने वाले संतुष्ट व प्रेम-पूर्ण परिवार से बनता है।

❑❑❑